Jean Habel

Ansichten aus Südamerika

Schilderung einer Reise am La Plata, in den argentinischen Anden und an der Westküste

Verlag
der
Wissenschaften

Jean Habel

Ansichten aus Südamerika

Schilderung einer Reise am La Plata, in den argentinischen Anden und an der Westküste

ISBN/EAN: 9783957000958

Auflage: 1

Erscheinungsjahr: 2014

Erscheinungsort: Norderstedt, Deutschland

© Verlag der Wissenschaften in Vero Verlag GmbH & Co. KG. Alle Rechte beim Verlag und bei den jeweiligen Lizenzgebern.

Webseite: http://www.vdw-verlag.de

Cover: Foto ©Wolfgang Dirscherl / pixelio.de

ANSICHTEN
AUS
SÜDAMERIKA.

SCHILDERUNG EINER REISE AM LA PLATA,

IN DEN ARGENTINISCHEN ANDEN UND AN DER WESTKÜSTE

VON

JEAN HABEL.

MIT 70 TAFELN UND PANORAMEN NACH 165 PHOTOGRAPHISCHEN
ORIGINALAUFNAHMEN, IN LICHTDRUCK HERGESTELLT VON DER KUNSTANSTALT
ALBERT FRISCH, BERLIN, MIT EINER KARTENSKIZZE
UND 3 BILDERN IM TEXT.

VORWORT.

Die Veranlassung zu der Reise, welche in den nachstehenden Zeilen geschildert wird, war zunächst die Erschliessung von Hochgebirgsthälern, welche sich unweit des Grades 33 südlicher Breite, in nördlicher Richtung, gegen den wie bis jetzt bekannt höchsten Berg beider Amerikas, den Aconcagua hinanziehen. Diese Reise erstreckte sich über die Südsommermonate 1893/94 und 1894/95 und wurde beidemal von Europa angetreten. Während des ersten Aufenthalts in jenen Thälern übte die Landschaft, mit ihren bisher unbekannten Gletschern, auf den Reisenden einen derartigen Reiz aus, dass er sich entschloss, ein zweites Mal zu ihr zurückzukehren. Grenzstreitigkeiten und eine langjährige Eifersucht zwischen den beiden Nachbarrepubliken Chile und Argentinien, unweit deren Grenzen auf argentinischem Boden jene Thäler liegen, führten während des zweiten Aufenthalts zu einem heftigen Zeitungskriege. Diese Stimmung wurde auf argentinischer Seite benutzt, um die im Hochgebirge der Anden verfolgten Bestrebungen, als im Interesse der chilenischen Regierung ausgeführte, zu verdächtigen. Die Zeitungen bemächtigten sich der Person des Reisenden, und die Befürchtungen in denselben, durch seinen Aufenthalt an der Grenze könne die Sicherheit der Republik gefährdet werden, nahmen schliesslich eine derartige Ausdehnung an, dass die argentinische Regierung sich veranlasst sah, einzuschreiten. Nach der Rückkehr aus dem Thal des Rio de los Horcones machte sie den Reisenden zum Staatsgefangenen. Infolgedessen wurde der Hauptzweck der Reise aufgegeben und letzterer nur zu geringem Teile erreicht.

Trotzdem nun der Verfasser nicht in der Lage war, das Gebiet, welchem die Reise galt, völlig aufzuklären und zu schildern, lag aus demselben doch genügend Stoff vor, um den Charakter der Landschaft zu kennzeichnen und die bisherige Vorstellung von derselben zu erweitern. Im Jahrgang 1896 der Zeitschrift des Deutschen und Oesterreichischen Alpenvereins findet sich unter dem Titel ›Aus den Argentinischen Anden‹ ein Bericht über diesen Teil der Reise. Der letztere wird hier ausführlicher geschildert, und mit Hilfe der photographischen Aufnahmen und des Kärtchens wird es vielleicht gelingen, ein Bild von jenen in ihrer äusseren Erscheinung von unseren Alpenthälern so verschiedenen, doch nicht minder reizvollen Andenthälern zu erhalten. Die Form des obigen Berichts wurde beibehalten und die Landschaft in derselben Weise geschildert, wie sie sich allmählich den Blicken entrollte. Die Gefangennahme erscheint vielleicht etwas zu ausführlich behandelt. Ihre Erzählung wurde wiedergegeben, wie der Verfasser, noch unter dem Eindruck des für die damalige politische Denkungsart der Argentinier bezeichnenden Vorfalls stehend, dieselbe niederschrieb. Auch die an anderen Orten Südamerikas gemachten photographischen Aufnahmen, begleitet von einer kurzen Schilderung in geschichtlicher oder wirtschaftlicher Beziehung, schienen geeignet, dem Leser, welcher eine Reise nach jenen heute nicht mehr so entfernten Ländern plant oder im Geiste über die Kordillere zur Westküste hinabsteigen will, Nutzen oder Interesse bieten zu können.

Das waren die Beweggründe, welche zur Veröffentlichung dieser Ansichten führten.

Berlin, im Februar 1897.

Der Verfasser.

Inhalts-Verzeichnis.

                                                                                                          Seite

I. Am La Plata 1

    Dampferverkehr zwischen Europa und den La Plata-Staaten. — Madeira. — Aequatortaufe. — Küste der Banda Oriental (östliche Seite, alter spanischer, noch heute gebrauchter Name für das Land östlich des Uruguay). — Quarantäne auf dem La Plata. — Buenos Aires. — Ombúbaum. — La Plata, Hauptstadt der Provinz Buenos Aires. — Seebad Mar del Plata.

II. Flussfahrt nach Asuncion. Gran Chaco Paraguayo 5

    Dampferverkehr auf dem Flusssystem des La Plata. — Klima und Landschaft am Paraná und Paraguay. — Asuncion, die Hauptstadt Paraguays. — Der Chaco bei Villa Hayes. — Indianer vom Stamme der Lenguas. — Zustand des Chaco Ende März. — Jagd in demselben. — Rückfahrt von Asuncion nach Buenos Aires. — Seefahrt vom La Plata nach Genua.

III. Von Buenos Aires nach Mendoza und Chile 12

    Eisenbahnverkehr Argentiniens. — Klima und Landschaft der Pampas zwischen Buenos Aires und Mendoza. — Das Erdbeben von Mendoza am 20. März 1861. — Das neue Mendoza. — Ueberschwemmungen. — Umgebung und Kulturen. — Der Rio Zanjon. — Badeorte. — Estancia San Pedro. — Die Anden bei Mendoza. — Verkehrsverhältnisse von Mendoza über die Anden nach Chile.

IV. Las Cuevas und Baños del Inca 19

    Höhenverhältnisse der Anden. — Aussicht vom Uspallatapass de la Iglesia, 3810 m. — Die Andenübergänge in den Befreiungskriegen. — Luftdruck und Temperatur auf dem Paso de la Iglesia. — Auffindung des Tolorsagletschers. — Penitentebildung. — Die Plattform, 4160 m, im Valle de las Bodegas. — Luftdruck und Temperatur in Las Cuevas. — Die Incabrücke. — Auffindung des vorderen Horconesgletschers. — Once Febrero, 3870 m. — Verkehr, Luftdruck und Temperatur in den Incabädern. — Cerro de los Penitentes. — Tupungato.

V. Die Thäler des Rio de las Bodegas und Rio de los Horcones   29

    Ausrüstung einer Tropa. — Abreise nach Punta de las Vacas. — Lager 3500 m im Valle de las Bodegas. — Die Quellen des Rio de las Bodegas. — Lager 3360 m im Valle de las Bodegas. — Der Paso del Desengaño, 4765 m. — Zwischen argentinischen Bajonetten. — Lager 3010 m an der Lagune. — Ritt am linken Ufer des Rio de los Horcones zum Lager 3360 m. — Guanaco an der Ostseite des Cerro de la Tolorsa. —

— VIII —

Das Ende des vorderen Horconesgletschers, 3510 m. — Kühle Nächte. — Ursprung und Verlauf des vorderen Horconesgletschers. — Ein Tag ohne Wind und Graupelkorn. — Peilungen auf dem linken Steilufer, 3485 m. — Messung der Höhe des Gletscherthors. — Das hintere Valle de los Horcones. — Der Hintergrund des Thals vom Standpunkt 4320 m. — Sturm auf der breiten Thalsohle. — Lager 3810 m am Fuss des Cerro de los Almacenes. — Der Thalschluss vom Standpunkt 4625 m. — Ersteigung der linken Thalseite bis 5400 m. — Rückkehr zum vorderen Lager. — Aufbruch aus dem Valle de los Horcones. — Gefangennahme in Punta de las Vacas. — Rückkehr nach Mendoza. — Empfang beim Präsidenten. — Ursache der Verhaftung. — Zur Andenforschung.

VI. **Abstieg von den Uspallatapässen zur Westküste** 51

Eindruck der Landschaft zwischen Cumbre und Calaveras. — El Portillo, 2780 m. — Juncal, 2220 m. — Eisenbahnstation Salto Soldado. — Santa Rosa de los Andes, 815 m. — Llaillai, 394 m. — Santiago de Chile, 520 m. — Valparaiso am Stillen Ocean. — Umgebung Valparaisos.

VII. **Von Valparaiso durch den Smyth Channel und die Magalhãesstrasse nach Buenos Aires** 55

Dampferverkehr an der Westküste. — Die Hafenplätze südlich Valparaisos. — Die alte spanische Festung Corral. — Puerto Montt. — Der See von Lanquihué, 45 m. — Der Ausbruch des Vulkans Calbuco am 29. November 1893. — Landschaft am Fuss des Calbuco. — Der Rio Pescado. — Die Bai von Reloncavi. — Valdivia. — Wasserläufe bei Valdivia. — Abfahrt von Corral. — Verlust eines Matrosen. — Verkehr durch die Magalhãesstrasse. — Stiller Ocean und Golf von Peñas. — Die nördlichen Kanäle bis Puerto Bueno. — Die südlichen Kanäle. — Westliche Magalhãesstrasse. — Punta Arenas. — Oestliche Magalhãesstrasse. — Der Atlantische Ocean bis Montevideo. — Fahrt nach Buenos Aires.

VIII. **Von Valparaiso nach Panamá und Europa** 66

Charakter der Westküste nördlich Valparaisos. — Politische Verschiebungen an der Westküste. — Coquimbo. — Caldera. — Antofagasta. — Tocopilla. — Iquique. — Erdbeben von Iquique am 9. Mai 1877. — Caleta. — Arica. — Mollendo. — Einschiffung lebenden Viehs bei Chala. — Pisco. — Callao. — Lima. — Stiergefechte. — Sehenswertes in Lima. — Guayaquil. — Panamá. — Einfluss des Nordens. — Dampferverbindung zwischen Isthmus und Europa über New York. — Kanalbau bei Panamá. — Colon. — Jamaica. — Barbados. — Seefahrt nach Europa.

Anhang 73

Litteratur. — Instrumente. — Photographie. — Ausrüstung. — Zur Kartenskizze.

Verzeichnis der Tafeln und Panoramen.

Tafel	No.		zu Seite
I.	1.	Funchal auf der portugiesischen Insel Madeira	1
	2.	Küste bei dem argentinischen Seebade Mar del Plata	4
II.	3.	Ombúbaum (Phytolacca dioeca) in Belgrano bei Buenos Aires	3
	4.	Land und Leute am Ufer des Paraguay bei La Villeta	11
III.	5.	Hafen von Paraná, der alten Hauptstadt Argentiniens	6
	6.	Apfelsinen ladender Dampfer bei La Villeta am Rio Paraguay	10
IV.	7.	Asuncion, Hauptstadt Paraguays, gegen Norden	7
	8.	Asuncion gegen den Rio Paraguay und den Gran Chaco	7
V.	9.	Blick von der Plaza del Matadero in Mendoza gegen Westen	13
	10.	Ruinen des Erdbebens vom 20. März 1861 in Mendoza	13
VI.	11.	Westseite der Plaza de Cobos in Mendoza	14
	12.	Nordwestseite der Plaza de Cobos in Mendoza	14
VII.	13.	Die Pampas westlich von Mendoza	14
	14.	Weingarten bei Mendoza	15
VIII.	15.	Vegetation am Rio Zanjon, im östlichen Mendoza	15
	16.	Vegetation am Rio Zanjon, im östlichen Mendoza	15
IX.	17.	Eingeborene am Rio Zanjon, im östlichen Mendoza	15
	18.	Rancho aus Adobes am Rio Zanjon	15
X.	19.	Strasse in der westlichen Vorstadt Mendozas	15
	20.	Heimkehrende Schnitter (Alfalfawagen) bei Mendoza	15
XI.	21.	Borbollon, nördlich von Mendoza. Badezelle und Landschaft	16
	22.	Gasthaus im Badeort Borbollon, nördlich von Mendoza	16
XII.	23.	Estancia San Pedro, nordöstlich von Mendoza	16
	24.	Abfahrt von der Estancia San Pedro	16
XIII.	25.	Eine Eingeborene auf der Estancia San Pedro bei Mendoza	16
	26.	Eingeborener auf der Estancia San Pedro bei Mendoza	16
XIV.	27.	Die Pampas südwestlich von Mendoza	16
	28.	Hügelvegetation der Pampas südwestlich von Mendoza	16
XV.	29.	Die Uspallatapässe (Paso Vermejo 3970 m, Paso de la Iglesia 3810 m)	19
	30.	Las Cuevas mit dem Eingang zum projektierten Eisenbahntunnel	21
XVI.	31, 32, 33.	Aussicht vom Paso de la Iglesia (3810 m) gegen Argentinien	20
	34.	Aussicht vom Paso de la Iglesia (3810 m) gegen Chile	20
	35.	Cerro hinter photographischem Standpunkt (4125 m) bei den Quellen des Rio de las Bodegas	32

— X —

Tafel	No.		zu Seite
XVII.	36.	El Cajon de la Tolorsa mit dem Bergsturz	21
	37.	El Cajon de la Tolorsa von der Casucha bei Las Cuevas	21
XVIII.	38.	Gipfel und Gletscher des Cerro de la Tolorsa	22
	39.	Eingang in das Valle del Rio de las Cuevas, im Hintergrunde der Cerro de la Tolorsa	23
XIX.	40.	Linke Thalseite bei Las Cuevas	23
	41.	Linke Thalseite bei Las Cuevas	23
XX.	42.	Eingang in das Valle de las Bodegas	23
	43.	Eingang in das Valle de las Bodegas	23
XXI.	44.	Blick von der Plattform (4160 m) gegen die Uspallatapässe	23
	45.	Die linke, östliche Fortsetzung des vorigen Bildes	23
XXII.	46.	Blick von der Plattform (4160 m) gegen Westen	24
	47.	Blick von der Plattform (4160 m) gegen Osten	24
XXIII.	48.	El Puente del Inca vom linken Flussufer gesehen	24
	49.	El Puente del Inca vom linken Flussufer gesehen	24
XXIV.	50.	El Puente del Inca vom rechten Flussufer gesehen	24
	51.	El Puente del Inca vom rechten Flussufer gesehen	24
XXV.	52.	Zusammenfluss des Rio de las Cuevas und Rio de los Horcones	25
	53.	Rechtsseitiges Flussufer unterhalb der Puente del Inca	25
XXVI.	54.	El Valle de las Cuevas, westlich der Incabäder, mit dem Eingang zum Valle de los Horcones	25
	55.	El Valle de los Horcones, von seinem Eingang gesehen	25
XXVII.	56.	Rechte Seite des Valle de las Cuevas, östlich der Incabäder	26
	57.	Linke Seite des Valle de las Cuevas, östlich der Incabäder	26
XXVIII.	58.	Linke Seite des Valle de las Cuevas, gegenüber den Incabädern	26
	59.	Linke Seite des Valle de las Cuevas, östlich vom Horconesthal	26
XXIX.	60.	Once Febrero (3870 m)	27
	61.	Rechte Thalseite unterhalb der Incabrücke	26
XXX.	62.	Blick vom Ende des vorderen Horconesgletschers gegen Süden	36
	63.	El Cerro de los Penitentes	28
XXXI.	64.	Vereinigung des Valle del Tupungato und Valle de las Cuevas	28
	65.	Polizeigebäude bei Punta de las Vacas	46
XXXII.	66.	Das Valle de las Bodegas vor der ersten Thalbiegung	31
	67.	Das Valle de las Bodegas vor der ersten Thalbiegung	31
XXXIII.	68.	Aussicht vom Lager 3500 m im Valle de las Bodegas gegen Norden	31
	69.	Aussicht vom Lager 3500 m im Valle de las Bodegas gegen Süden	31
XXXIV.	70.	Aussicht vom Lager 3500 m im Valle de las Bodegas gegen Osten	31
	71.	Aussicht vom Lager 3500 m im Valle de las Bodegas gegen Westen	31
XXXV.	72.	Lager 3500 m im Valle de las Bodegas	31
	73.	Arrieros und Peone	31
XXXVI.	74—82.	Der Hintergrund des Valle de las Bodegas vom linken Flussufer gesehen. Photographischer Standpunkt 4125 m	31
XXXVII.	83.	Die Türme des Cerro de las Bodegas vom Paso del Desengaño	33
	84.	Das Hochthal des Cerro de las Bodegas	33
XXXVIII.	85 u. 86.	Im Graupelwetter am Fuss des Cerro de las Bodegas	33
XXXIX.	87.	Aussicht vom Paso del Desengaño (4765 m) gegen Osten	33
	88.	Aussicht vom Paso del Desengaño (4765 m) gegen Westen	33
XL.	89.	Blick vom linken Steilufer (3485 m) im Valle de los Horcones gegen Süden	36
	90.	Linkes Steilufer, vom Ende des vorderen Horconesgletschers gesehen	36
XLI.	91.	Blick vom linken Steilufer (3485 m) im Valle de los Horcones gegen den Cerro de los Dedos	36
	92.	Blick vom Fuss (3800 m) des Cerro de los Dedos thalauswärts	43

Tafel	No.		zu Seite
XLII.	93.	Blick vom linken Steilufer (3485 m) gegen das Gletscherthor (3510 m)	36
	94.	Das Seitenthal des vorderen Horconesgletschers, von der rechten Thalseite gesehen	45
XLIII.	95.	Vorderes Lager (3360 m) im Valle de los Horcones	36
	96.	El Cerro de la Tolorsa, von seinem östlichen Fuss gesehen	37
XLIV.	97.	El Cerro de la Tolorsa, vom linken Steilufer (3485 m) gesehen	36
	98.	El Cerro de la Tolorsa, vom Fuss der Perecala gesehen	40
XLV.	99.	Linkes Steilufer im Valle de los Horcones, vom vorderen Lager gesehen	36
	100.	Linke, nördliche Fortsetzung des vorigen Bildes	36
XLVI.	101.	Hinteres Lager (3810 m) im Valle de los Horcones	43
	102.	Vorderes Lager (3360 m), gegen das Seitenthal des vorderen Horconesgletschers	36
XLVII.	103.	Am Fuss der Perecala	40
	104.	La Perecala vom vorderen Lager	37
XLVIII.	105, 106.	Die rechte Seite des Valle de los Horcones beim vorderen Lager (3360 m)	37
XLIX.	107.	El Cerro de los Almacenes, vom linken Ufer (4040 m) des vorderen Horconesgletschers gesehen	39
	108.	Ende des vorderen Horconesgletschers	38
L.	109, 110.	Ende des vorderen Horconesgletschers (3510 m)	38
LI.	111, 112.	Der vordere Horconesgletscher, von seinem linken Ufer (4040 m) gegen Süden gesehen	39
LII.	113, 114.	Gletscherbrüche im vorderen Horconesgletscher	39
LIII.	115.	El Cerro de los Dedos im Valle de los Horcones	41
	116.	El Cerro Moreno im Valle de los Horcones	41
LIV.	117, 118.	Der Hintergrund des Valle de los Horcones, vom Fuss des Cerro de los Dedos gesehen	41
LV.	119.	El Cerro de los Almacenes, Standpunkt 4625 m	44
	120.	El Cerro de los Almacenes, Standpunkt 4320 m	41
LVI.	121—127.	Der Hintergrund des Valle de los Horcones, Standpunkt 4320 m	41
LVII.	128—130.	Der Hintergrund des Valle de los Horcones (Cuerno de los Horcones), Standpunkt 4625 m	43
LVIII.	131.	Blick vom Fuss des Cuerno de los Horcones (4625 m) thalauswärts	44
	132.	Blick vom Fuss des Cuerno de los Horcones (4625 m) gegen La Catedral	44
LIX.	133.	La Laguna del Inca, im Westen der Uspallatapässe	51
	134.	El Portillo (2780 m), gegen Süden gesehen	51
	135.	Tomé am Stillen Ocean, Chile	55
LX.	136.	Talcahuano am Stillen Ocean, Chile	55
	137.	Coronel am Stillen Ocean, Chile	55
LXI.	138.	Ancud, auf der Insel Chiloë	56
	139.	Die Bucht von Corral, Hafen von Valdivia	56
	140.	Punta Arenas an der Magalhäesstrasse	64
LXII.	141, 142, 143.	Aussicht westlich Puerto Montts auf die Bucht von Reloncaví	57
	144, 145.	Corral mit den alten spanischen Befestigungen	56
LXIII.	146.	El Rio Pescado, am Fuss des Calbuco	59
	147.	Puerto Montt, von der Strasse nach Puerto Varas gesehen	59
LXIV.	148.	Puerto Junco am Rio Calle-Calle bei Valdivia	61
	149.	Endpunkt der Dampferfahrt auf dem Rio Futa bei Valdivia	61
LXV.	150—152.	Antofagasta am Stillen Ocean, Chile	67
	153—155.	Tocopilla am Stillen Ocean, Chile	67
LXVI.	156.	Höhen hinter Iquique mit der Salpeterbahn	67
	157.	Pelikane am Stillen Ocean bei Antofagasta	67
LXVII.	158.	Pferdebahnstation südlich von Iquique	67
	159.	Weibliche und männliche Pferdebahnschaffner bei Iquique	67
LXVIII.	160.	Caleta am Stillen Ocean, Chile	67
	161.	Steilküste bei Caleta am Stillen Ocean	67

Tafel	No.		zu Seite
LXIX.	162.	Arica am Stillen Ocean, Chile	68
	163.	Einschiffung lebenden Viehs bei Chala, Perú	68
LXX.	164, 165.	Mollendo am Stillen Ocean, Perú	68

LXXI. Kartenskizze der südwestlichen Aconcaguathäler.

Bilder im Text:

Paramillo de Uspallata und Cerro de Plata (5860 m) 17
Der Tupungato (6710 m), südwestlich Mendozas 17
Der Vulkan Calbuco bei Puerto Montt in Chile 58

I.
Am La Plata.

Der Verkehr zwischen Europa und den La Plata-Staaten wird durch eine grosse Anzahl Dampferlinien vermittelt. Von diesen Linien kommen namentlich in Betracht: die Royal Mail von Southampton in 23 Tagen, der Norddeutsche Lloyd von Bremen in 32 Tagen, die sogenannten Südamerikaner von Hamburg in 24 Tagen und die beiden italienischen Linien, La Veloce und La Navigazione Generale Italiana, von Genua in 18 Tagen. Diese Linien laufen sämtlich Montevideo, die Hauptstadt Uruguays, an und gehen von hier in ca. zwölf Stunden hinüber an die argentinische Küste: die deutschen in die schönen neuen Hafenanlagen von Buenos Aires, die italienischen und englischen Schiffe, ihres grösseren Tiefganges wegen, nach Ensenada, dem Hafen von La Plata, der neuen Hauptstadt der Provinz Buenos Aires. Von Ensenada geschieht die Beförderung der Passagiere meist durch Extrazug in einer guten Stunde, unmittelbar von der Landungsstelle aus, nach der argentinischen Hauptstadt. Die schnellste Beförderung zwischen Europa und dem La Plata bieten die italienischen Linien; einige ihrer vorzüglichen Dampfer pflegen die Entfernung zwischen Genua und Montevideo in 16 Tagen zurückzulegen.

Ich bediente mich auf meinen Reisen nach Südamerika der Hamburger Linie, und zwar das erste Mal des Dampfers Bahia, der am 3. Oktober 1893 früh 6^1/$_2$ Uhr seinen Ankerplatz gegenüber dem Baumwall verliess, das zweite Mal des Dampfers Montevideo, der am 15. November um 3^h morgens von derselben Stelle die Elbe hinunterdampfte. Diese Schiffe laufen Funchal (Tafel I, 1) auf Madeira an, das sie in sieben Tagen zu erreichen pflegen. Auf der ersten Reise mussten wir hier unter einem wolkenlosen Himmel von morgens früh bis spät abends Quarantäne halten. Es hatten sich noch einige Cholerafälle bei unserer Abreise von Hamburg gezeigt, und das Landen wurde uns infolgedessen nicht gestattet. Auf jeder Seite des Schiffes sorgte ein portugiesischer Polizeisoldat, in einem Boot mit zwei Ruderern, für Aufrechthaltung der Quarantäne. So mussten wir uns begnügen, das schöne, an norditalienische Landschaft erinnernde Eiland von fern zu betrachten und uns, während der Dampfer dort Kohlen und Proviant einnahm, mit den nach kleinen Geldmünzen tauchenden Knaben zu belustigen. Im November 1894 war das Wetter weniger günstig. Als wir uns spät am Nachmittag der offenen und schlechten Reede der kleinen Hauptstadt der Insel näherten, wurde uns ihr Anblick minutenlang durch eine heftige Regenböe entzogen.

Von Madeira führt die zu jener Jahreszeit und in jenen Breiten klimatisch wunderbare Seefahrt in vier Tagen hinunter zu der gebirgigen Kapverdischen Inselgruppe. In weiteren vier Tagen wird der Aequator überschritten, ein Ereignis, das auf dem Dampfer Bahia feierlich begangen wurde. Zu diesem Zwecke war am Steuerbord ein ca. zwei Quadratmeter grosses Taufbecken aus Planken gezimmert und mit Segeltuch wasserdicht gemacht worden. Neptun und sein Hofstaat erschienen im vollen Wichs mit der Musik, und diejenigen, welche zum erstenmal den Aequator überschritten, wurden einzeln aufgerufen. Der Täufling hatte sich dann auf den Rand des Beckens zu setzen. Er wurde eingeseift und mit einem hölzernen, einen halben Meter langen Rasiermesser bearbeitet, dann rücklings in das Becken geworfen und untergetaucht. Hierauf musste er durch einen Windsack kriechen, eine Bewegung, die durch den Wasserstrahl der Dampfspritze unterstützt wurde. Die Reisenden, welche nur mit ihrer Einwilligung getauft wurden, unterzogen sich fast alle dem Verfahren. Den Damen wurde das Kopfhaar angefeuchtet, doch mussten einige jüngere Mädchen danach die Kleider wechseln. Für die Mannschaft war die Taufe obligatorisch. Abends fand bei allgemeiner Heiterkeit eine musikalisch-deklamatorische Unterhaltung im Salon statt.

Vom Aequator laufen die Hamburger in acht Tagen hinüber zur Küste des südamerikanischen Kontinents, der zuerst in den Sanddünen der Banda Oriental, der Republik Uruguay, gesichtet wird. Verschiedene Leuchttürme werden an dieser Küste sichtbar. Dann geht es den breiten La Plata-Strom hinauf, dessen gelbe Fluten eine scharfe Grenze mit dem Meerwasser bilden und aus dem neugierige Seehundsköpfe emportauchen. Südlich erscheint die Insel Lobos, nördlich der Leuchtturm und über einer Reihe blanker Sandberge die Kathedraltürme des Städtchens Maldonado. Nach ca. zwölfstündiger Küstenfahrt musste der Dampfer Bahia vor der Insel Flores, der Quarantänestation, Anker werfen. Kapitän und Arzt gingen hier an Land, und nach ihrer Rückkehr dampften wir in drei Stunden nach Montevideo, wo wir zwanzig Stunden löschten, Proviant einnahmen und zwei Quarantänewächter an Bord erhielten. Auf der Fahrt mit dem Dampfer Montevideo hatten wir hinreichend Zeit, die Sehenswürdigkeiten der Stadt, wie schöne Läden, Kirchen, Kirchhof, die Parkanlage El Prado, zu besichtigen.

Der Dampfer Bahia brachte uns in neun Stunden hinüber zur argentinischen Küste, auf die Reede von Buenos Aires. Hier erhielten wir noch einen argentinischen Beamten an Bord, welcher wie seine beiden uruguayschen Kollegen während der achttägigen Quarantäne, die wir zu halten hatten, als Wächter und Passagier erster Klasse bei uns blieb. Auf der Reede leisteten uns ungefähr zwanzig Dampfer und beinahe ebenso viele Segelschiffe Gesellschaft. Klimatisch war der Aufenthalt sehr abwechslungsreich. Zuweilen war es kühl und stürmte heftig; der Dampfer schwankte, und heftiger Gewitterregen prasselte auf das Deck. Dann hatten wir wieder ruhiges Wasser und wolkenlosen Himmel, und wenn wir nicht bereits eine vierundzwanzigtägige Seefahrt hinter uns gehabt hätten, wäre in der prächtigen Luft der Aufenthalt an Bord gewiss allen als eine Erholung erschienen. An einem der schönen Tage erhielten wir abends den Besuch zahlloser Schmetterlinge, Käfer und Insekten, die das auf Deck befindliche, elektrisch hell erleuchtete Rauchzimmer bevölkerten. An einem anderen Abend erschienen weder Schmetterlinge noch Käfer, dagegen in unzähligen Individuen ein Insekt von der Grösse unserer Mücke. Nicht blutsaugend, suchten die Tiere sich mit Vorliebe die Whistkarten als Aufenthaltsort aus, die sie mit ihren weichen, leicht zerdrückbaren Leibern beschmutzten und nur dadurch lästig wurden. Auch verschiedene Vögel, darunter der hübsche Pecho colorado, ganz schwarz mit roter Brust, erschienen an schönen Tagen an Bord. Unsere Reisenden vertrieben sich die Zeit mit dem Angeln von Knurrhähnen, Bagra, einem im La Plata sehr gemeinen Fisch, der einen knurrenden Laut von sich giebt. Sie waren alle froh, als die Erlösung schlug und der Dampfer sie in einer guten Stunde von der Reede in den ersehnten Hafen führte.

Gewöhnlich findet sonst der Verkehr zwischen Montevideo und Buenos Aires seitens der Dampfer zur Nachtzeit statt, so dass sie am Morgen mit der Flut durch das schmale, mit Bojen markierte Fahrwasser in die Boca, die Mündung des Flüsschens Riachuelo, das den Zugang zu den Hafenanlagen vermittelt, einlaufen können. In den letzteren steigt man unmittelbar vom Dampfer an Land; in ein paar Stunden ist das Passagiergepäck in den am Quai gelegenen Zollschuppen befördert, worauf die Durchsicht des Gepäckes verhältnismässig schnell und seitens der Zollbeamten in liberaler Weise stattfindet. Für die Zwecke der Reise mitgebrachte Effekten, Instrumente, photographische Platten wurden anstandslos durchgelassen, oder doch nach der Erklärung, dass sie nur für den persönlichen Gebrauch und nicht für den Handel bestimmt seien, freigegeben. Die Beförderung grösserer Gepäckstücke in die Stadt besorgen Paketfahrtgesellschaften, wie z. B. die Expreso Villalonga. Buenos Aires besitzt gute, in europäischem Stil gehaltene Hotels, auch solche, in denen der Fremde ausser dem Kaffee keine Mahlzeiten einnimmt. Ich stieg in dem sauber gehaltenen Hôtel garni des deux Mondes, in der Calle San Martin, esquina Corrientes, ab.

Die Hauptstadt Argentiniens zählt gegenwärtig ca. 660 000 Einwohner. Sie ist wie alle amerikanischen Städte mit sich rechtwinklig kreuzenden, ziemlich engen Strassen angelegt und zeigt im übrigen ein durchaus europäisches Gepräge. Schöne Regierungsgebäude und namentlich Bankhäuser; eine Fülle von Theatern und Restaurants, in denen gerade nicht immer die grössten Genüsse geboten werden; Markthallen; ein ausgebreitetes, durch fast alle Strassen führendes Pferdebahnnetz, auf dem die Kutscher zur Freihaltung der Schienen den Kuhhörnern herzzerreissende Töne entlocken; grosse Plätze mit Schmuckanlagen; ein Park (Palermo); Villenkolonien, wie z. B. die von Belgrano, Tigre etc., in wenigen Minuten mit Eisenbahn vom Centrum der Stadt zu erreichen; geben dem Leben dort einen durchaus grossstädtischen Charakter. Auch Bierpaläste fangen an sich aufzuthun, in denen ein vorzügliches, an den Ufern des La Plata nach Münchener Art gebrautes Bier verschänkt wird. Dasselbe ist das Produkt der grossen, von Deutschen geleiteten Brauerei in Quilmes bei Buenos Aires, das sich ganz Argentinien erobert hat und am Fusse der Anden ebenso gern getrunken wird wie in den Pampas.

Die Vegetation in der Umgebung der Stadt hat für den Europäer manches Ueberraschende. Ein wegen seiner prächtigen Laubkrone hervorragend schöne in wirtschaftlicher Beziehung aber ganz wertloser Baum ist der Ombu (Phyto lacca dioeca). Das hier abgebildete Exemplar (Tafel II, 3) steht in der Villenkolonie Belgrano. Der Baum ist der argentinischen Flora eigentümlich. Die Blätter sind herzförmig und den Maulbeerblättern ähnlich. Baum und Blüten sind getrennten Geschlechts; der eine Baum trägt nur männliche, der andere nur weibliche Blüten. Er wird nur des Schattens wegen gepflanzt. Sonst gewährt der Baum gar keinen Nutzen. Das Holz ist so morsch, dass man mit dem Stock tief in den Stamm hineinstossen kann, und brennt nicht. Die Wurzeläste dringen erst, nachdem sie eine Strecke lang über der Erde hingelaufen sind, in die letztere ein und dienen dem Schattensuchenden als Bank. Eine niedrigere Temperatur wie — 5^0 C. kann der Baum nicht vertragen.

Buenos Aires ist seit 1880 Sitz der argentinischen Federalrepublik geworden, infolgedessen die Behörden der Provinz Buenos Aires nach der 50 km südöstlich gelegenen, 1882 gegründeten Stadt La Plata übersiedelten. Diese letztere, mit 43 000 Einwohnern, in grossartigstem Stile geplant, liegt halb in Ruinen. Die Mittel fehlen, die zahlreichen, auf einmal begonnenen Regierungsgebäude zu vollenden, und so ist der Bau der meisten derselben nicht über die Umfassungsmauern gediehen, die jetzt als Wahrzeichen argentinischen Unternehmungsgeistes emporragen. Zu den vollendeten Gebäuden zählt das Museum de la Plata, welches auch die paläontologischen Ausgrabungen der Pampas enthält, vor allem die schönen Exemplare der riesigen Faultiere und Gürteltiere. Auf den Bildern, die das Vestibül des Museums schmücken, ist der ca. 2 m lange, schidkrötenähnliche Panzer eines Gürteltieres (Glyptodon) als Behausung des Menschen der Diluvialzeit dargestellt.

Von Buenos Aires schwenkt die Küste des südamerikanischen Kontinents in grossem Bogen über Osten und Süden nach Westen, bis zu dem schnell aufblühenden Orte Bahia Blanca. Ungefähr auf der Mitte dieses Bogens liegt in einer breiten Depression der hier felsigen Küste das kleine Seebad Mar del Plata mit ca. 2000 Einwohnern. Während der warmen Sommermonate wird dieses Bad von Buenos Aires, mit dem es durch eine Eisenbahn verbunden ist, viel besucht. Die mit prächtigen Schlafwagen versehenen Züge verlassen die Hauptstadt abends und treffen nach elfstündiger Fahrt um sechs Uhr morgens an ihrem Bestimmungsort ein. Das Bad hatte damals zwei grosse Gasthäuser. In demjenigen, in welchem ich wohnte, lagen die Zimmer um grosse, mit gärtnerischem Schmuck versehene Höfe, patios, zu ebener Erde, eine Anlage, die sich häufig auch bei den Gasthäusern in amerikanischen Landstädten und Sommerfrischen findet; man wurde dort recht gut verpflegt. Im Kasino spielte man Baccarat. Die sonstigen Anlagen sind ziemlich primitiv, und Mar del Plata ist kein amerikanisches Ostende. Sehr hübsch sind die Spaziergänge unten an der felsigen Küste entlang (Tafel I, 2), gegen welche das Meer brandet. In südlicher Richtung gelangt man auf der Playa de los Ingleses nach dem unvollendeten grossen Hotel Ingles, nördlich nach der Perla del Norte, einer kleineren Badeanlage. Auch in der nächsten Umgebung Mar del Platas stehen verschiedene unvollendete und verkrachte Villenanlagen. Während meines viertägigen Aufenthalts vom 6. bis 9. März 1894 war das Wetter sehr regnerisch und kühl; am 8. um 6^h früh zeigte das Thermometer nur 14^0. Infolgedessen war der Besuch denn auch kein sehr bedeutender mehr.

II.
Flussfahrt nach Asuncion. Ausflug in den Gran Chaco.

Das tief in das Herz des südamerikanischen Kontinents eindringende Flusssystem des La Plata, Paraná, Paraguay und Uruguay bietet vorzügliche Verkehrsadern, wird entsprechend ausgenutzt und von mehreren Dampfergesellschaften befahren. Ueber den Verkehr auf diesen Strömen, sowie über die Verkehrsverhältnisse in der argentinischen Republik im allgemeinen geben die kleinen, monatlich erscheinenden Kursbücher, die auf den Bahnhöfen angeboten werden, z. B. El guia Peuser del viajero, Auskunft. Die besten Schiffe dürften diejenigen der Gesellschaft La Platense sein, welche regelmässig wöchentlich einmal nach Asuncion laufen, der Hauptstadt Paraguays, von wo monatlich mehrmals Gelegenheit ist, die Reise mit kleineren Dampfern nach Norden bis Corumbá und darüber hinaus fortzusetzen.

Ungefähr zehn geographische Meilen nördlich von Buenos Aires mündet in den La Plata der Paraná, dessen unterer Lauf grossen Schiffen zugänglich ist und einen sehr lebhaften Verkehr hat. Vor San Nicolas lag ein grosser Hamburger Dampfer in Ladung, und grosse Seeschiffe zogen unter vollen Segeln majestätisch flussaufwärts.

Klimatisch war die Fahrt überraschend. Da in den Sommermonaten das Thermometer in Asuncion häufig längere Zeit auf 42^0 steht, hatte ich mich zu derselben erst entschlossen, nachdem kühlere Tage am La Plata auch am Paraguay weniger warme Witterung vermuten liessen. Das Schiff, der Saturno, mit welchem ich die Reise am 11. März 1894, 2^h nachmittags, von der Darsena Sud in Buenos Aires antrat, traf am nächsten Morgen auf hier häufigen, dichten Nebel, der zwang, eine Zeitlang beizulegen. In diesem Nebel zeigte das Thermometer um 6^h früh nur $+ 10^0$. Eine halbe Stunde später erschienen der blaue Himmel und die Landschaft wieder auf der Bildfläche und gestatteten, die Fahrt fortzusetzen. Der Fluss war mit einem Nebelflaum bedeckt, der einen ganz sonderbaren Eindruck machte; es sah aus, als ob die Cirruswolken sich auf ihn hinabgesenkt hätten. Der Tag wurde dann wunderbar; um 8^h abends zeigte das Thermometer in Rosario 19^0. Wärmer war der 13. März: 7^h 15^0, 2^h 26^0 (vor Paraná), 9^h 22^0, und noch wärmer der folgende Tag: 6^h 20^0, $2^{1}/_2{}^h$ 30^0 (hinter La Paz), 9^h 25^0. Am Morgen des 15. März war der Himmel ganz bezogen; es windete sehr stark; um 6^h zeigte das Thermometer 25^0 (vor Goya) und sank bis 9ʰ auf 21°; dann ging ein Gewitter unter starken Blitzen und heftigen Donnerschlägen nieder, das eine halbe Stunde dauerte; wir wurden gehörig gewaschen und ganz in Nebel gehüllt, so dass man die Ufer nicht sah; um 2ʰ 22°, um 9ʰ 20°. Auch am 16. März war die Temperatur angenehm kühl: 7ʰ 19°, 2ʰ 21°, 9ʰ 21°, der Himmel bewölkt. Der letzte Tag der Fahrt wurde wieder sehr warm: 6ʰ 20° und um 2ʰ vor Asuncion + 32°.

Landschaftlich bietet die Fahrt sehr wenig, und sie ihrer selbst wegen zu unternehmen, kann nicht empfohlen werden. Die Ufer fallen zuweilen steil ab in kahlem Pampaslehm, bald sind sie ganz flach, bedeckt mit Busch und Rohr. Der Saturno brauchte von Buenos Aires sechs Tage bis zur Hauptstadt Paraguays. In wenig über vierundzwanzig Stunden brachte er uns an den auf hohem Ufer hübsch gelegenen Städtchen San Pedro und San Nicolas vorbei nach Rosario, wo wir über fünf Stunden liegen blieben und Gelegenheit hatten, einen Blick auf die 95 000 Einwohner zählende Stadt zu werfen. Einige schöne Läden fallen auf in der Hauptverkehrsader, der Calle San Martin, von welcher die Calle Córdova nach einem hübsch angelegten Platz führt. Nur in diesen Strassen war der Verkehr ein etwas reger. Bei dem dürftigen Ort Diamante, wo ich an Land ging, macht letzteres einen dürren, unfruchtbaren Eindruck. Vor Paraná, der alten Hauptstadt der argentinischen Republik, mit gegenwärtig 24 000 Einwohnern, verweilte der Saturno sechs Stunden. Vom Puerto, dem Hafen (Tafel III, 5), führt eine Pferdebahn zu dem höher gelegenen Ort, dessen ehemalige Bestimmung an den Gebäuden auf der Plaza Alvear, Calle San Martin und Plaza 1° Mayo zu erkennen ist. Auf der weiteren Fahrt den Paraná aufwärts hielten wir kurze Zeit vor St. Helena mit dem bekannten Saladero Kemmerich, dessen Produkte wie die Liebig'schen Weltruf haben, dann vor La Paz, wo die Gegend fruchtbar erscheint und hinter dem, am rechten Ufer, Palmen sichtbar werden. Am fünften Tage kamen wir um 9ʰ früh nach Corrientes, das, eine Stadt von 16 000 Einwohnern, mit seinen menschenleeren Strassen und gut ausgestatteten Läden einen sehr melancholischen Eindruck macht, und wo wir gleichfalls sechs Stunden verweilten, um dann zwei Stunden später in die stillen Fluten des Paraguay einzulaufen. Hier ist ein reicheres Vogelleben bemerkbar, fast ausschliesslich sind die Reiher vertreten. Der Fluss soll auch zahlreiche Alligatoren beherbergen, doch sind mir keine zu Gesicht gekommen. Landschaftlich ist der Paraguay interessanter wie der Paraná; er gleicht häufig einer durch einen schönen Park führenden Wasserstrasse. Zuckerrohr, Bananen, Palmen erscheinen an seinen Ufern, die teils in meterhohem Pampaslehm steil abfallen, oder ganz flach und dann am Rande mit Schilf bewachsen sind. Am siebenten Tage trafen wir um 6ʰ abends vor Asuncion ein, wo ich in dem guten kleinen Hotel Franco-Argentino abstieg.

Durch die Kriege des Lopez, des letzten Diktators der Republik, ist die Entwicklung Paraguays, des früher blühendsten Staates auf dem südamerikanischen Kontinent, vollständig unterbrochen worden. Die männliche Bevölkerung wurde in diesen Kriegen gänzlich aufgerieben, und kurz nach dem letzten war das Land fast ausschliesslich von Frauen bewohnt. Ein Mann soll zu diesen Zeiten unter jenen Breiten ein ungemein gesuchter Artikel seitens der schönen Weiber

Paraguays gewesen sein. Unter diesen Verhältnissen hatte naturgemäss auch die Hauptstadt (Tafel IV, 7, 8) zu leiden, doch macht dieselbe auf den Fremden gar keinen so übeln Eindruck. Sie hat 24 000 Einwohner. Pferdebahnen durchziehen die breiten Strassen, und die letzteren sind nicht ohne Verkehr. Klimatisch bezeichnend ist der Name des ersten Kaffee- und Speisehauses in Asuncion: »Pol del Norte«. Die Stadt ist die hahnenreichste, die ich je kennen lernte. Kaum waren nächtliches Hundegebell, Guitarrenspiel und Gesang verstummt, so begannen die Hähne ihr Frühkonzert, so dass es unmöglich war, bei offenem Fenster zu schlafen. Von den beabsichtigten Prachtbauten des Lopez ragt das unvollendete Mausoleum, als Denkmal seines Dichtens und Trachtens, noch heute mit roten Backsteinmauern in den Strassen Asuncions empor. Die Anregung zu diesem grossen Bau, wie zu seinem ganzen Handeln, wird Lopez während seines Aufenthalts in Paris gefunden haben. Er wollte der Napoleon Südamerikas werden, und bis zu einem gewissen Grade ist er es auch geworden. Nicht aber unter dem Dom, den er über seine beabsichtigte letzte Ruhestätte aufrichten liess, sondern in den Sümpfen der Urwälder seines von ihm fast zu Grunde gerichteten Vaterlandes ruhen seine Gebeine.

Die unmittelbare Umgebung der Hauptstadt Paraguays zeigt eine üppige Fruchtbarkeit, und das ganze Land scheint von der Natur durchaus bevorzugt zu sein. Haupterzeugnis ist der Paraguaythee, die getrockneten Blätter von Ilex paraguayensis; derselbe wird namentlich nach Argentinien und Brasilien ausgeführt und bildet den bedeutendsten Ausfuhrartikel. Das Land würde aber wahrscheinlich auch Produkte erzeugen können, die auf dem Weltmarkt Abnehmer finden und nach Europa verschifft werden könnten. Vor allem kommt in dieser Hinsicht der Tabak in Betracht; von den Cigarren, die ich in Asuncion aus der Fabrik von Papalucas rauchte, waren in der That viele von ganz vorzüglicher Qualität. Durch die Eroberung des europäischen Marktes würde sich Paraguay wirtschaftlich unabhängig von den feindlichen Nachbarn machen und könnte seine politische Stellung mit Bezug auf die Freiheit der Wasserstrasse kräftigen.

Auch die Fremdenindustrie blüht, wenn auch in geringem Maasse, bei Asuncion. In dem durch Pferdebahn und Dampfwagen in kurzer Zeit erreichbaren Vorort Ricoleta befindet sich ein Gasthaus, das von Argentiniern besucht wird, die sich den kälteren Wintermonaten am La Plata entziehen und die am Paraguay entsprechend klaren und trockenen Monate hier verleben. Die am Paraguay ansässigen Fremden sind in dieser Beziehung weniger günstig gestellt und können nicht so leicht den heissen Sommermonaten, Januar und Februar, entfliehen. Für sie kommt der Süden vom La Plata, z. B. das Seebad Mar del Plata in Betracht. Sobald aber an der Hauptverkehrsstrasse über die Anden ein entsprechendes Gasthaus oder Sanatorium gebaut ist, könnten sie solches über Buenos Aires und Mendoza in wenigen Tagen erreichen.

Für den reisenden Europäer bietet der Aufenthalt in den südamerikanischen Städten wenig, abgesehen von dem Verkehr mit den dort ansässigen Fremden und gebildeten Einheimischen. Dagegen wird er in unmittelbarer Berührung mit der Natur, wenn er überhaupt geneigt ist, sich den damit in materieller Beziehung verknüpften Entbehrungen zu unterziehen, die grössten Genüsse finden. Mich führte ein Jagdausflug in den zu Paraguay gehörenden Teil des Gran Chaco, und trotzdem derselbe nur ein kurzer, wenig erfolgreicher und vom Wetter wenig begünstigter war, entschädigte mich die Landschaft doch vollständig für die jagdlichen Misserfolge. Am 22. März fuhr ich mit dem Dampfer Pingo in 1½ Stunden an das rechte Ufer des Paraguay, nach dem kleinen Ort Villa Hayes, so genannt zu Ehren des Präsidenten der Vereinigten Staaten, durch dessen Schiedsspruch Paraguay seinen Teil am Chaco erhielt. Ich traf hier einen deutschen Herrn, Don Guillermo v. L., an den ich empfohlen war, und der mich nach seiner 1½ Stunden westlich von Villa Hayes gelegenen Besitzung führte. Wir ritten über eine offene, mit Gras bewachsene, fast baumlose, etwas wellige Ebene, einen Campo, an dessen westlichem Rande Don Guillermo's Chacra lag. Der Weg war ganz leidlich, abgesehen von einigen Stellen, wo der Campo den Charakter einer sumpfigen Wiese annimmt. Das weite Feld war Gemeingut der Ansiedler von Villa Hayes und mit Vieh derselben besetzt. An den nächsten Tagen regnete oder goss es vielmehr derartig, dass man das schützende Dach kaum verlassen konnte. Auf der Veranda sitzend, unterhielten wir uns stundenlang über wohlbekannte Verhältnisse in der fernen Heimat und machten in einer trockenen Pause eine Suche auf Hühner in dem gut besetzten Campo. Auch Kiki, ein zahmer Nasenbär, Naso socialis oder solitaria, trug durch sein ausserordentlich drolliges Wesen zur Erheiterung bei. Abends lernte ich die Töchter eines eingeborenen Nachbarn kennen, deren Tanz sehr an den Orient erinnerte.

Am 26. März ritten wir um 3^h nachmittags mit zwei Eingeborenen und einem Packpferde zur Jagd. Der Weg führte zunächst am Campo entlang, später durch einen prächtigen Wald zur Colonia Sociedad. Unterwegs schon hatten wir uns vor dem strömenden Regen unter das Dach eines verlassenen Rancho flüchten müssen, und das gleiche geschah hier bei einem Ansiedler, der beschäftigt war, das Fleisch eines Rindes in Streifen zu schneiden und zum Trocknen an der Luft aufzuhängen; das giebt dann das sogenannte Charque. Bald nach 5^h erreichten wir einen Vorposten paraguayscher Soldaten, dessen Befehlshaber uns auf das freundlichste aufnahm, uns Fleisch und Reis vorsetzte, während wir den Wein zu der Mahlzeit lieferten. In Büchsenschussweite von der Behausung der Soldaten, dem Fort, lag auf einer Anhöhe ein zweites Gebäude, das von einem Franzosen und seiner Frau bewohnt wurde. Wir trafen dort eine Anzahl Indianer, wie mir gesagt wurde, vom Stamme der Lenguas, die bei dem Franzosen ihren Bedarf an Schnaps zu decken pflegen. Nach dem Zustande, in dem sie sich befanden, muss das Geschäft ein ziemlich einträgliches sein. Einer der schwankenden, braunen Knaben wurde ziemlich zudringlich; auf den Ruf seiner Brüder zog er sich jedoch sofort zurück. Die Waffen, Bogen und Pfeile, hatten die Leute bei ihrem Erscheinen auf dem Fort abgeben müssen. Sobald die Regenzeit beginnt, pflegt sich eine verhältnismässig geringe Anzahl dieser Indianer bei den Ansiedlungen einzufinden. Ein grösserer, fester Wohnsitz dieses Stammes, eine Stadt, soll sich im Westen des Chaco paraguayo befinden. Dieser Ort dürfte wohl noch niemals von einem Weissen besucht worden und es zweifelhaft sein, ob solches bei dem Kulturzustand dieser Indianer möglich wäre. Ihr Lager befand sich hinter dem Fort, das aus einem einfachen Hause besteht, am Walde, und dort lernten wir auch ihre Weiber und Kinder kennen. Namentlich die ersteren machten bei der gegenseitigen Haartoilette einen geradezu tierischen Eindruck. Die Nacht verbrachten wir im Fort; im Innern desselben liessen die Mosquitos aber keine Ruhe, und auch die Flucht ins Freie rettete uns nicht vor diesen Blutsaugern. In der nächsten Nacht schützte ich mich gegen diese Peiniger durch Handschuhe, Verbinden der Pulse, durch eine wollene Kappe und vollständige Einhüllung des Gesichts; es war etwas warm, aber ich schlief. Da in der Nacht die Hunde der Indianer ihren Hunger an den Lassos gestillt hatten, mit denen unsere Pferde befestigt waren, war eins derselben freigekommen und davongelaufen; es dauerte einen Tag, bis wir dasselbe wieder zur Stelle hatten.

Am 28. früh 3^h ritten wir weiter; Wasser oben und Wasser unten. Der ganze Chaco ist zu dieser Jahreszeit ein grosser Sumpf, aus dem seine bewaldeten Teile wie Oasen hervorragen. Diese Waldinseln bieten mit ihrer sonderbaren Vegetation einen ungemein fesselnden Anblick für den Fremdling. Vor allem fallen in ihnen die riesigen Kakteen auf und noch mehr die Bombaxbäume mit ihren sonderbaren, tonnenförmigen Stämmen. Am Rande dieser Oasen war für unsere Vierfüssler auf hartem Boden das beste Fortkommen, während sie, je weiter davon entfernt, desto tiefer einsanken. Ging es zuweilen über eine sehr breite Stelle des Sumpfes, so sanken die Tiere weit über die Fessel ein, und das Herausziehen der Beine aus dem schlammigen Boden machte auf den Reiter den Eindruck, als ob er einen steilen Hang hinaufgetragen würde. Das war für die Pferde natürlich ungemein anstrengend, und unter diesen Umständen war ein weites Vordringen in den Chaco ausgeschlossen. Für den Wildreichtum der dortigen Gegend spricht aber der Umstand, dass gleich der erste Tag ein gewisses Resultat lieferte. Ich war mehrmals abgestiegen, um einen Fasan, yakú, zu schiessen; hierbei kam man stets bis an die Knie ins Wasser, wurde aber sehr bald auf dem Pferde wieder trocken. Der Vogel hat metallisch glänzendes Gefieder, lässt den Jäger meist nahe herankommen, und die Jagd auf ihn verliert daher sehr bald an Interesse. Wir waren fünf Stunden vom Fort geritten und hatten dann bei einem verlassenen Toldo der Indianer über vier Stunden gerastet. Um 3^h nachmittags wurde der Ritt fortgesetzt. Gegen Abend wollte ich gerade absteigen, um noch einen Yakú für das Abendbrot zu schiessen, als Don Guillermo mir zurief »ciervos« (Hirsche). Aus einer vor unserem Standpunkt gelegenen Waldinsel wechselte ein Stück Wild gegen den Sumpf; Don G. und ich stiegen ab, und bis über die Hüften im Wasser watend, gedeckt durch das hohe Gras, pirschten wir uns auf Schussweite heran. Ich schoss mit Posten auf den allein sichtbaren Kopf. Gleich nach dem Schuss wechselte ein zweites Stück aus dem Walde; das verendende Stück schlug jedoch derartig mit den Läufen um sich, dass das andere, durch das Geräusch beunruhigt, in den Wald zurückeilte. Das gestreckte Stück war ein männliches Kalb von Cervus paludosus, grösser wie ein starker Rehbock. Trotzdem wir dasselbe gleich ausnahmen und das Kurzwildpret entfernten, schmeckte es später nach Moschus. Das Geweih dieser Gattung ist kleiner und gedrungener wie dasjenige unseres

Rothirsches, auch die Stellung der Enden eine etwas andere. Ich sah bei Don Guillermo eine ganze Anzahl sehr schön geperlter und starker Geweihe. Leider hatte ich den photographischen Apparat in Asuncion gelassen, so dass ich die verschiedenen, interessanten Gegenstände, die ich auf diesem Ausflug in den Gran Chaco kennen lernte, bildlich nicht wiedergeben kann.

Nach der Hirschjagd fanden wir einen sehr malerischen, trockenen Biwakplatz am Rande einer der nächsten Waldinseln, den wir auf einige Quadratmeter vom Unterholz reinigten. Weder Regen noch Mosquitos störten die Idylle dieses Aufenthaltsortes, über den sich in der Nacht ein wolkenloser Sternenhimmel spannte; nie habe ich eine Nacht im Freien unter klimatisch und landschaftlich gleich reizvollen Eindrücken verbracht. Die Rücksicht auf die Pferde und die Gefahr, dass letztere beim weiteren Vordringen untauglich werden könnten, nötigte uns am nächsten Tage, auf anderem Wege den Rückweg anzutreten. Dicht beim Lager kamen wir nochmals auf ein Stück Wild zum Schuss, doch war die Entfernung zu gross. Die armen Pferde sanken noch tiefer in den Sumpf wie am Tage vorher, und mir fing an, für den tapferen Lubino unter mir zu bangen, der häufig stehen bleiben musste, um zu verschnaufen. Am Mittag rasteten wir wieder unter einem Toldo, bei dem ein Tapir »la gran bestia« später aus dem Sumpf in den Wald wechselte, ohne dass wir viel mehr wahrnahmen wie den Lärm, den er im Unterholz machte. Um $3^{1}/_{2}^{h}$ stiegen wir wieder in den Sattel. Es war bereits dunkel, als wir an einen kleinen Fluss kamen; die Pferde verloren hier den Grund und mussten schwimmen, so dass die Packtaschen unseres Handpferdes ganz durchnässt wurden. Dann rafften wir die Kräfte unserer Träger zu einem letzten, anhaltenden Trabe bei festem Boden zusammen und trafen bald nach 6^{h} abends auf Don Guillermo's Retiro wieder ein.

Hier verlebte ich noch ein paar Tage in der angenehmen Gesellschaft meines Gastfreundes, nach dessen Mitteilungen der Juni für Jagdausflüge der geeignetste Monat zu sein scheint. Von jagdbarem Wilde und Raubzeug kommt für die dortige Gegend, ausser dem Sumpfhirsch, dem Tapir, dem Jaguar (Felis onca, tigre), namentlich der rote Wolf in Betracht; grösser wie der europäische Wolf, in Farbe ähnlich dem europäischen Brandfuchs, Nacken, Schnauze und Beine schwarz, doch mit weisser Kehle, ist derselbe sehr vorsichtig und schwer zu erlegen. Sein zoologischer Name ist Canis jubatus, die Eingeborenen nennen ihn Aguará. Ein sehr schönes Exemplar wurde im Dezember an derselben Stelle, wo wir gejagt hatten, gesehen. Kein Tropfen Wasser war damals dort zu finden, so dass die Jäger beinahe verschmachteten, während wir drei Monate später dort beinahe ertranken. Am 1. April verliessen wir El Retiro und begaben uns von Villa Hayes mit dem kleinen Dampfer Lucia in $2^{1}/_{2}$ Stunden nach Asuncion, von dem ich drei Tage später, an Bord des San Martin, den Paraguay wieder abwärts fuhr, in dankbarem Gefühle für die an seinen Ufern gefundene, freundliche Aufnahme.

Die Thalfahrt vollzog sich nicht unwesentlich schneller wie die Bergfahrt. Einen siebenstündigen Aufenthalt hatten wir einige Stunden hinter Asuncion vor dem unbedeutenden Ort La Villeta (Tafel III, 6), wo wir Apfelsinen luden. Die letzteren wurden in Körben auf den Köpfen weissgekleideter Frauen und Jungfrauen an Bord gebracht und hier lose in verschiedene Abteilungen geworfen. Das Ganze machte einen bei Dampferverladungen sehr seltenen, malerischen Eindruck. **Unter der** Bevölkerung bei La Villeta fanden sich auffallend kräftige Gestalten (Tafel II, 4). Durch Einwanderung, besonders von argentinischer Seite, ist die Einwohnerzahl Paraguays wieder gewachsen und scheint sich entsprechend zu entwickeln. Am 7. April, 5^h nachmittags, traf der San Martin vor Rosario ein und blieb dort fünf Stunden liegen. Am Morgen des folgenden Tages mussten wir Nebels wegen sechs Stunden beilegen und trafen vor Buenos Aires so spät ein, dass wir erst am nächsten Morgen hineingehen konnten. Durch Benutzung der Bahn, von Rosario ab, hätte man einen Tag sparen können.

Von Buenos Aires kehrte ich an Bord des Dampfers Perseo von der Navigazione Generale Italiana nach Europa zurück. Die Reisenden dieses Dampfers wurden am 17. April, 1^h nachmittags, von Buenos Aires in einem Extrazug befördert, der mit einiger Verspätung um 3^h längsseits des schönen Schiffes in Ensenada, dem Hafen von La Plata, eintraf. Um $5^{1}/_{2}^{h}$ ging der Dampfer in den La Plata hinaus und traf am nächsten Morgen vor Montevideo ein, wo er den ganzen Tag Kohlen einnahm und Getreide lud. Der Fluss war sehr bewegt, und fast alle Reisenden, die auf kleinen Dampfern vom Hafen an die Treppe des Perseo befördert wurden, fielen der Seekrankheit zum Opfer. Auf einem dieser Dampfer brachten 25 mehr oder weniger seekranke Personen einen Herrn und eine Dame an Bord — bitterer konnte dieser Abschied sicherlich nicht gemacht werden. Erst um $2^{1}/_{2}^{h}$ nachts verliessen wir Montevideo. Nach zehn Tagen, am 29. April abends, wurden die Kapverdischen Inseln angelaufen, wo wir zwölf Stunden liegen blieben und auf der Reede Nebel, Regen und bewegte See, wie auf der bisherigen Fahrt, antrafen. Dann änderte sich das Wetter — wir näherten uns dem europäischen Frühling; der trübe Nebel verschwand, und Sonnenschein trat an seine Stelle. Zwischen den Kanarischen Inseln und dem afrikanischen Festlande hindurchgehend, erreichten wir am 4. Mai abends die Strasse von Gibraltar und hatten den ganzen nächsten Tag die Küste Spaniens vor Augen. Hier fesselte namentlich die beschneite Sierra Nevada und die Landschaft bei Kap Gata und bei Kap Palos den Blick. Am 6. Mai um 8^h morgens trafen wir vor Barcelona ein und konnten zwei Stunden an Land gehen. Es war gerade an einem Sonntag, und der flüchtige Blick in das bunte Treiben auf der Hauptverkehrsader der Stadt, der Rambla, wirkte, an Bord zurückgekehrt, fast wie ein Traum. In 24 Stunden brachte uns der Perseo zur italienischen Küste, nach Genua.

III.
Von Buenos Aires nach Mendoza und Chile.

Argentinien besitzt schon heute ein ausgebreitetes Eisenbahnnetz, das südlich bis zu dem schnell aufblühenden Hafen Bahia Blanca, nördlich bis nach Jujuy, der Hauptstadt der gleichnamigen nordwestlichen Provinz, sich erstreckt. Das entspricht ungefähr der Entfernung von 15 Breitengraden oder derjenigen zwischen Wien und Petersburg. In westlicher Richtung führen die Schienen der Bahn »Buenos Aires als Pacifico« bis nach Villa Mercedes, und von dort diejenigen der »Gran Oeste Argentino« über San Luis nach Mendoza, an den Fuss der Anden. Diese beiden Bahnstrecken von zusammen 1200 km entsprechen ungefähr der Entfernung zwischen Wien und Paris. Während meiner Reisen auf diesen letzteren Linien verkehrten die durchgehenden, mit Schlaf- und Speisewagen versehenen Züge dreimal wöchentlich und zwar derartig, dass sie Buenos Aires abends gegen 9^h verliessen und nach nicht ganz 36 Stunden in Mendoza eintrafen. Dadurch wurde die Fahrt durch die einförmige, endlose Ebene der graugrünen Pampas mit ihren weidenden Rindern, Pferden, Schafen und Schweinen weniger ermüdend, da man den grössten Teil derselben in dem gut eingerichteten Schlafwagen verträumen konnte. Beim Schreiben dieser Zeilen erfahre ich, dass der Verkehr im Südsommer 1896/97 zwischen Buenos Aires und Mendoza, sowie in umgekehrter Richtung, bereits ein täglicher war.

Im November und Dezember sind die Nächte auf den Pampas angenehm kühl und der Morgen frisch. Gegen Mittag steigt die Temperatur auf 30^0 und darüber, um weiter westlich durch häufig auftretende Gewitter wieder abgekühlt zu werden. Ich notierte am 18. Dezember 1894 um $11^h\ 31^0$ und nach wiederholten, heftigen Gewitterschauern um $1^1/_2^h\ 23^0$, und um $2^h\ 20^0$. Auch im Februar hatte ich in der Nacht nicht von der Hitze zu leiden; doch zeigte das Thermometer um 8^h früh bei heftigem Nordwind, unserem Südwind oder Föhn entsprechend, der einem Herrn den Hut vom Kopfe wehte, bereits 29^0 und stieg bis $1^1/_2^h$ auf 38^0. In den Pampas macht sich dann der Staub bei der heissen Luft unangenehm fühlbar und benimmt einem fast den Atem, während weiter westlich der Regen auch in diesem Monat nicht fehlt. Im März hat sich die Temperatur bereits wieder abgekühlt.

Bis zur kleinen Station La Cautiva, die gegen 11^h vormittags erreicht wurde, sind die Pampas so flach wie ein Teller, dann wird der Boden welliger, vegetationslose Sanddünen (Médanos, Binnenlandsdünen) treten auf, und in der Ferne werden die Ausläufer der Sierra de Córdoba sichtbar. Um 3^h traf der Zug in Villa Mercedes ein, einem Städtchen von 7000 Einwohnern, über dessen blühenden Alfalfafeldern (Luzernklee) im Februar Tausende von kleinen, dunkelgelben Schmetterlingen schwebten. Vor Villa Mercedes kommt man durch niedrigen Holzbestand, anscheinend zur Gattung der Algaroben gehörig und an schlecht gepflegte Olivenplantagen erinnernd. Dieser dürftige Wald setzt sich auch weiter westlich fort, bis die Bahn anfängt zu steigen. Sie führt über die Ausläufer der Sierra de San Luis, hinter Alto Grande in einer Höhe, die nach Ablesung des Aneroids ca. 1000 m betragen dürfte. Um 7^h wurde die 9000 Einwohner zählende Stadt San Luis erreicht, wo der Reisende zu Abend speiste, während er sein Frühstück und Mittagessen im Speisewagen des Zuges erhielt. Die Nacht gestattete dann nur den Anblick zahlreicher Schwärme von Leuchtkäfern, bis am Morgen, ungefähr bei der Station Maipú, die vergletscherte Kette der Anden mit dem Tupungato (6710 m nach Moussy) sichtbar wird. Bald darauf, um 5^h, lief der Zug in Mendoza ein.

Mendoza, 775 m, die Hauptstadt der gleichnamigen Provinz, wurde am 20. März 1861, an einem Aschermittwoch, gerade zu einer Stunde, als die Kirchen des Feiertages wegen überfüllt waren, von einem Erdbeben heimgesucht und fast völlig zerstört. Ueber 10 000 Menschen haben dabei nach Latzina, 2000—3000 nach Burmeister ihr Leben eingebüsst. Nach letzterem bewegte abends zwischen 8$^1/_2$—8$^3/_4$^{h}, bei Vollmond, der viele Leute auf die Strasse gelockt hatte, ein heftiger, plötzlicher Stoss die Erde und legte alle Gebäude, grosse und kleine, in Trümmer. Nur das auf einem freien Platz gelegene Theater widerstand. Dann trat eine Ruhepause von einigen Minuten ein; doch bald erneuerten sich die Stösse und wiederholten sich, obgleich weniger heftig, in Zwischenräumen von 3—5 Minuten, die ganze Nacht hindurch. Das Erdbeben setzte sich noch acht Tage lang mit vereinzelt sehr heftigen Stössen fort und hörte dann auf. Spuren dieses für die Stadt so verhängnisvollen Naturereignisses, vor dessen Wiederholung die jetzige Bevölkerung eine sehr begründete Furcht hat, finden sich noch an verschiedenen Teilen derselben. An der nordwestlichen Ecke des früheren Hauptplatzes der alten Stadt, der jetzigen Plaza del Matadero, so genannt nach dem an ihm befindlichen Schlachthause, stehen die Ruinen der ehemaligen Franziskanerkirche (Tafel V, 10), welche Burmeister im erste Bande seiner Reise durch die La Plata-Staaten erwähnt. Derselbe lebte vom 10. März 1857 bis 19. April 1858 in Mendoza, später als Direktor des Nationalmuseums in Buenos Aires und bezeichnet diese Kirche als das beste, aus Ziegelsteinen aufgeführte, kirchliche Bauwerk der Stadt. Auch der Pinie, welche neben den Ruinen noch heute erscheint, erwähnt er und berichtet, dass das Kloster neben der Kirche geräumig und das beste in Mendoza sei, dass es eine prachtvolle Pinie auf dem Hofe habe und von neun Mönchen bewohnt sei, welche den Dienst in der Kirche versähen. Ferner teilt er mit, dass zwei Quadras weiter westlich von der Kirche des heiligen Franziskus das von sieben Mönchen bewohnte Dominikanerkloster läge, dessen Neubau sich heute ungefähr an derselben Stelle befindet und mit seinem weissen Glockenturm von der Plaza del Matadero sichtbar ist (Tafel V, 9).

Der mich im Kloster herumführende Dominikanermönch zeigte mir die im Garten liegenden Trümmer der alten Klostermauern und die Schädel der unter ihnen Erschlagenen.

Das neue Mendoza wurde etwas weiter westlich erbaut und zählt circa 28 000 Einwohner. Mit seinen breiten, mit Bäumen eingefassten Strassen macht es einen ungemein vorteilhaften Eindruck. Die Hauptstrasse ist die Calle San Martin, wohl die frühere, an der westlichen Grenze der alten Stadt gelegene Alameda. Westlich von derselben liegen die beiden Hauptplätze, la Plaza de la Independencia mit dem Regierungsgebäude (casa de gobierno) und la Plaza de Cobos. An diesem befindet sich, ebenfalls wieder an der nordwestlichen Ecke, die neue Franziskanerkirche (Tafel VI, 12), an seiner südwestlichen Ecke das kleine Theater (Tafel VI, 11); in seiner Mitte steht ein Uhrturm, der den Mendozinern die Zeit in wenig exakter Weise anzeigt. An der Südseite des Platzes lag das damals beste Gasthaus der Stadt, das Hotel Club, in welchem die ganze Nacht Baccarat gespielt wurde; die Verpflegung daselbst war eine ganz gute.

Bei heftigen Regengüssen, die im Hochsommer sich einzustellen pflegen, ist die Stadt im Jahre 1895 wiederholt der Schauplatz von Ueberschwemmungen gewesen, die sehr bedeutende Verluste verursachten. Veranlassung dazu scheint die mangelhafte Anlage der Kanalisation im Westen der Stadt zu bilden. Am 10. Februar, an dem das Thermometer um 8^h früh bei wolkenlosem Himmel $18°$ zeigte, war ich Zeuge einer derartigen Ueberschwemmung. Der Tag wurde schwül. Nach 8^h abends fielen von dem inzwischen ganz bewölkten Himmel einige Regentropfen, und nach 10^h ging unter fast unaufhörlichem Blitzen und häufigen Donnerschlägen ein Gewitter nieder, das innerhalb einer Stunde das Centrum der Stadt vollständig unter Wasser setzte. In der Hauptverkehrsader, der Calle San Martin, strömte dasselbe in die Verkaufsläden und richtete arge Verwüstungen an. Um 1^h nachts fing das Wasser an sich zu verlaufen, und der Verkehr in den Strassen wurde wieder möglich. Noch schädlicher wirkte die Ueberschwemmung, welche die Stadt in der ersten Hälfte des Januar heimsuchte.

Die Umgebung Mendozas kennen zu lernen, ist für den Neuling gar keine so leichte Aufgabe. Am schnellsten gelingt es, aus der Stadt an ihrer westlichen Seite zu gelangen, bei dem kleinen Bade Colon, das unmittelbar am Rande der Pampas liegt und in einer kurzen Wagenfahrt vom Mittelpunkte der Stadt erreicht wird. Hier steht man unweit des Fusses der Sierra de Uspallata, der Vorberge der Anden (Tafel VII, 13). An den anderen Seiten der Stadt dagegen, wo sich Weingärten (viñas) und sonstige Kulturen befinden, ist es ungemein schwer, einen Ausblick zu gewinnen; denn alle Besitzungen sind umgeben von hohen Mauern aus gestampftem Erdreich (tapias), und der zwischen diesen Mauern hinlaufende Weg auf beiden Seiten meist noch mit hohen Pappeln bepflanzt. In letzter Zeit fängt man an, mit den Pappeln aufzuräumen, namentlich auch der Heuschrecken wegen, die von ihnen schwer zu entfernen sind. Die Heuschrecke (langosta) erscheint auf ihren Wanderzügen noch ab und zu in grossen, wolkenartigen Schwärmen bei Mendoza. Wehe der Besitzung, auf welche ein solcher Schwarm sich niederlässt. In kürzester Zeit ist alles, Weingärten, Alfalfafelder, Obstbäume, abgefressen und die Ernte verloren. Durch rauchende Feuer und

Lärm sucht man die Tiere vom Einfallen abzuhalten, und gelingt solches auch zuweilen, allerdings meist zum Nachteil eines weniger thätigen Nachbars. Tritt man in eine der grösseren Besitzungen ein (Tafel VII, 14), so sieht man häufig über eine weite, von den Weinstöcken gebildete, grüne Ebene, an deren Horizont die grauen Mauern und darüber die vom Winde oft heftig bewegten Pappelreihen erscheinen. Gegen Westen sind über solchen Weingärten auch die Anden sichtbar. Die Anlage dieser Weingärten geschieht nach französischer Art, d. h. die Reben stehen in langen, parallelen Reihen und ranken sich an Drähten entlang, welche an Pfählen (rodrigones) befestigt sind. Von den rheinischen Weinbergen mit ihren vereinzelt stehenden Weinstöcken sind diese Anlagen sehr verschieden. Bei Mendoza ist die erste Bedingung für das Gedeihen der Rebe ein möglichst ebener Boden, so dass die Bewässerung der Pflanze, der allein sie ihr Wachstum verdankt, eine gleichmässige ist. Die Herstellung dieser ebenen Fläche geschieht mittels einer von einem Ochsenpaar gezogenen grossen Schippe. Bei der Anlage eines neuen grossen Gartens, in der Nähe von Maipú bei Mendoza, sah ich fünfzig solcher Ochsengespanne beschäftigt. Die Weinkultur hat den Wohlstand Mendozas bedeutend gehoben und wird denselben noch weiter heben, wenn erst eine rationelle Behandlung des Produktes Platz gegriffen hat. Gegenwärtig lagern die Weine über der Erde in grossen, luftigen Räumen, sogenannten Bodegas, unter oft unglaublichen Temperaturen.

Ihre Fruchtbarkeit verdankt die Umgebung Mendozas dem gleichnamigen Fluss, der unweit der Stadt vorbeifliesst und der das Wasser für ein weitverzweigtes Bewässerungssystem liefert. Dieses Wasser wird bei dem Dorfe Lujan durch einen künstlichen Arm abgeleitet, welcher als Rio Zanjon an der ganzen Ostseite der Stadt entlang fliesst und von dem zahlreiche kleine Kanäle das Wasser in die Besitzungen führen. In wohlthuendem Gegensatz zu den staubigen, mauerbegrenzten Wegen, in die man nach Ueberschreitung des Zanjon gelangt, steht die an seinen Ufern befindliche üppige Vegetation (Tafel VIII, 15, 16). Hier im Osten der Stadt ist auch der Wohnsitz der ärmeren Volksschichten, deren Behausungen (Tafel IX, 17, 18) aus Adobes oft sehr dürftige sind. Die Adobes sind ungebrannte Ziegel. Das zu ihrer Herstellung geeignete Erdreich wird mit Häckselstroh (paja) vermischt, in Formen gestrichen und an der Luft getrocknet. Der Zanjon ist an verschiedenen Stellen überbrückt, und über diese Brücken geht der Verkehr von der östlichen, bedeutenden Kulturzone. Namentlich der Luzernklee (alfalfa), das wichtigste Viehfutter Argentiniens, wird in frischem Zustande auf Pferden und Wagen (Tafel X, 20) von dieser Seite in die Stadt gebracht und an die Pferde haltenden Bewohner derselben verkauft. Die Alfalfa ist eine perennierende und auf geeignetem Boden ungemein ertragreiche Pflanze, die bei genügender Bewässerung jahrelang ausdauert. Im Osten Argentiniens stehen die Alfalfafelder gewöhnlich fünf Jahre, während sich bei Mendoza fünfzehn, ja fünfundzwanzig Jahre alte Felder befinden sollen.

Die westliche Vorstadt Mendozas trägt einen anderen Charakter (Tafel X, 19), wie aus dem Bilde hervorgeht. Der auf demselben befindliche Reiter ist ein Bäckerjunge; in den auf dem Pferde, hinter dem Jungen, wie Kesselpauken befestigten Körben befindet sich das von ihm auszutragende Gebäck. Die Strasse führt nach dem Bade Colon, von dem man über die Pampas nach dem auf den Hügelreihen am Fusse der Sierra de Uspallata gelegenen Badeort Challao gelangt. Nördlich von Mendoza liegt ein zweiter Badeort, Borbollon, wie der westliche mit sehr einfachen Anlagen versehen (Tafel XI, 22). Die Umgebung Borbollons macht durchaus den Eindruck einer Wüste. Unter der sengenden Sonne, auf dem durch saline Bildungen noch heller erscheinenden Sande, der Horizont begrenzt durch sonderbar geformte, niedrige Höhenzüge (Tafel XI, 21), ist der Charakter der Landschaft fast der gleiche wie an Stellen der Libyschen Wüste. Die Temperatur der Quellen Challaos ist 20°, diejenige Borbollons 26°.

Neben dem Rio Mendoza liefert der südlich von ihm, aus den Anden kommende Rio Tunuyan das Wasser für die ausgedehnte Kulturzone um Mendoza. Der Tunuyan bewässert namentlich die südöstlich von Mendoza gelegenen Teile dieser Zone, welche durch die Eisenbahn ein leicht zu erreichendes Absatzgebiet besitzen. Auch kleinere Wasserläufe werden ausgenutzt, doch ist die Entfernung von der Bahn für den Absatz der Produkte oft ungünstig. Die Schwierigkeiten, die sich für weiter entfernt liegende Besitzungen durch die Verkehrsverhältnisse ergeben, lernte ich auf einem Ausfluge nach der nordwestlich von Mendoza gelegenen Estancia San Pedro (Tafel XII, 23) kennen. Wir hatten die Estancia bei schönem Wetter in sechsstündiger Fahrt von Mendoza aus erreicht, halbwegs den Tulumayo überschreitend. Der letzte Teil des Weges führte durch einen lichten Bestand kleiner Algarrobenbäume (algarrobillos), deren schmale Schoten als Viehfutter dienen. Hier war der Weg so hart wie auf einer Tenne, und die flinken Pferdchen (Tafel XII, 24) des Besitzers der Estancia, meines liebenswürdigen Gastfreundes, trugen uns im Fluge darüber hinweg. In der Nacht unserer Rückfahrt hatte es sehr heftig geregnet, und im Algarrobenwäldchen fanden wir den Weg so aufgeweicht und so schlüpfrig für die Tiere, dass wir uns verspäteten, die Fahrt halbwegs unterbrechen und in La Valle nächtigen mussten. Von den Angestellten auf der Estancia fielen mir eine Frau und ein Mann auf, als schöne Beispiele der Mischrasse, die sich in Südamerika bildet, (Tafel XIII, 25, 26). Die Frau auf dem Bilde trägt in den Händen die Pfeife, aus welcher der Paraguaythee genossen wird. Sie besteht aus einem kleinen Kürbis, mate, nach welcher der Thee »yerba mate« genannt wird, und der Bombilla, dem Saugrohr, durch welche der Aufguss eingesogen wird.

Eine Ansicht der Andenkette mit dem Tupungato, welche in der weiteren Umgebung von Mendoza fast immer sichtbar ist, auch in der Nähe der Stadt zu erhalten, war der örtlichen Verhältnisse wegen schwierig. Endlich gelang uns solches im Südwesten der Stadt, in einem kleinen Vororte, der mir als de Coria bezeichnet wurde. Wir stiegen hier über die Schienen der Bahn und auf einen der nächsten Hügel. Von weitem gesehen machen diese (Tafel XIV, 27) einen vegetationsarmen Eindruck. Ersteigt man sie jedoch, so findet man auf ihnen niedriges Gestrüpp und Kakteen, eine Cereusart, die Ende November sehr schöne, grosse, weisse Blüten trug (Tafel XIV, 28). Auf den Bildern 27 und 28 sollten im Hintergrunde eigentlich die Anden sichtbar sein, doch sind sie im Druck nicht erschienen. Diese Ansicht wurde daher auf den nachstehenden Bildern wiedergegeben. Die linke, südliche Fortsetzung der Ansicht des Cerro

Paramillo de Uspallata und Cerro de Plata (5860 m)

de Plata (5860 m nach Avé-Lallemant) bildet diejenige des Tupungato (6710 m nach Moussy). Weiter gegen Süden von der breiten Kuppe des Tupungato wird ein kegelförmiger Doppelgipfel sichtbar, dessen Namen ich nicht erfahren konnte, der aber vermutlich der San José ist.

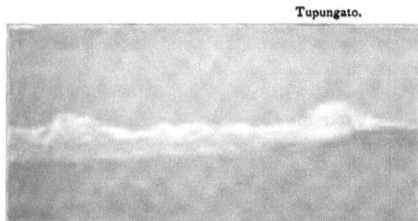

Der Tupungato (6710 m), südwestlich Mendozas.

Mendoza ist Ausgangspunkt der nach Westen weiterführenden Kordillerenbahn, die den stolzen Namen führt »Ferro Carril Trasandino de Buenos Aires à Valparaiso« und auf der argentinischen Seite gegenwärtig ungefähr in einer Länge von 140 km bis zur Station Punta de las Vacas vollendet ist. Die Bahn steht unter der Leitung tüchtiger, ausländischer Ingenieure; sie ist in ihrem oberen Teil streckenweise Zahnradbahn. Auch auf dieser Bahn verkehrten die Züge im Hochsommer damals dreimal wöchentlich und zwar derartig, dass sie, im Anschluss an die östlichen Linien, Mendoza um 6^h früh verliessen. Die Bahn führt zunächst südlich, durch Weingärten der besten Lagen, an den tief eingebetteten Rio de Mendoza und wendet sich dann westlich um den Fuss des Paramillo de Uspallata, der Vorberge dieses Andenteils. Nach einer guten Stunde ist man vollständig im Gebirge, durch das der Rio de Mendoza, dem die Bahn folgt, in südöstlicher Richtung von Uspallata ab strömt. Vor letzterer Station, vier Stunden von Mendoza, öffnet sich der Blick auf einen weiten Thalkessel mit der vergletscherten Kette des Cerro de Plata im Hintergrund, ein herrliches Panorama. Dann schwenkt die Bahn wieder westlich und erreicht, dem nun nordöstlich strömenden Flusse in südlicher Richtung folgend, ihren Endpunkt in Punta de las Vacas (2460 m). Die Weiterbeförderung der Reisenden geschah im Jahre 1895 von hier aus das breite, nach Westen umbiegende Hochthal des Flusses hinauf, der hier den Namen Rio de las Cuevas annimmt, auf der eben fertiggestellten, fahrbaren Strasse, in von Pferden gezogenen Wagen, die eine Stunde nach Eintreffen des Zuges, um 2^h nachmittags, abfuhren und gegen 6^h in Las Cuevas, am Fusse der Hauptkordillere, eintrafen. Hier nächtigten die Reisenden in den beiden dürftigen Gasthäusern.

Am nächsten Tage, um 6^h früh, erfolgte dann der Aufbruch zu Maultier. In einer guten Stunde sind die Uspallatapässe (Paso de la Iglesia, der westlichere, 3810 m; Paso Vermejo, der östlichere, der 160 m höher liegen soll) erreicht, von wo der Abstieg bis nach Juncal vier Stunden in Anspruch nimmt. In Wagen geht es dann in zwei Stunden nach Salto Soltado, von hier mit der Eisenbahn »Clark« nach Los Andes und mit der chilenischen Staatsbahn nach Santiago oder Valparaiso, die beide nach 10 Uhr erreicht werden. Die Reise vom Atlantischen zum Stillen Ocean vollzog sich also im Südsommer 1894/95 bereits in 72 Stunden, einschliesslich eines zwölfstündigen Aufenthalts. Auf beiden Seiten war man zu dieser Zeit beschäftigt, die fahrbare Strasse zu vollenden. Sie führt von Las Cuevas in vielen Windungen bis dicht an den Paso de la Iglesia und dann unterhalb des kleinen, beide Pässe trennenden Gipfels hinüber zum Paso Vermejo und über diesen nach Chile hinab. Die Steilheit der Hänge auf der chilenischen Seite unterhalb des westlichen Ueberganges hat jedenfalls diese Wahl veranlasst. Diese Pässe sind im Hochsommer fast ganz schneefrei; auf der chilenischen Seite zeigte sich zuweilen etwas Eis. Nach einer brieflichen Mitteilung aus Valparaiso wurden dieselben noch im Südwintermonat Juli 1895 begangen, und im September bereits wurde seitens der Transportgesellschaften wieder auf die Verbindung aufmerksam gemacht, da nur 25 km zu Fuss zurückzulegen wären; doch hätten Reisende, die zu dieser Zeit nicht über Juncal vordringen konnten, auf dem Rückwege nach Los Andes mit Schwierigkeiten zu kämpfen gehabt.

IV.

Las Cuevas und Baños del Inca.

Nächst den Gebirgssystemen Mittelasiens sind die Anden das höchste Gebirge der Erde. Zwischen 32 und 33 Grad südlicher Breite erreichen sie ihre höchste Erhebung im Aconcagua. Dieser unweit der argentinisch-chilenischen Grenze gelegene Berg wurde auf einer wissenschaftlichen Forschungsreise, im Südsommer 1882/83, von Dr. Paul Güssfeldt bis zu 6560 m, zum erstenmal bestiegen und trigonometrisch mit 6970 m vermessen, und bei der Drucklegung der nachstehenden Zeilen kommt von Mendoza die telegraphische Nachricht, dass ein englischer Alpinist, Herr Fitzgerald, den Berg bis zum Gipfelkamm und der Höhe von 23 000 Fuss erstieg, während es seinem von der Südseite des Monte Rosa stammenden Bergführer Zurbriggen gelang, den gleichzeitig mit 24 000 Fuss (7315 m) angegebenen, höchsten Gipfel des Berges am 14. Januar 1897 zu erreichen. Vergleicht man, um sich eine Vorstellung von den Höhenverhältnissen der Anden zu machen, den nach Güssfeldt 6970 m messenden Aconcagua mit den höchsten Bergen des mittelasiatischen und mitteleuropäischen Gebirgssystems, so ergiebt sich, dass der Kulminationspunkt der Anden 1870 m unter demjenigen des Himálaya, dessen höchster Berg, der Gaurisankar, 8840 m misst, und 2160 m über demjenigen der Alpen liegt, die im Montblanc 4810 m erreichen. Die Passübergänge in den südamerikanischen Anden erreichen im Norden eine Höhe von über 4000 m; im Süden sinken sie unter 2000 m, und hier ist wohl die meiste Aussicht für die Vollendung eines ununterbrochenen Schienenweges vom Atlantischen zum Stillen Ocean. Gegenwärtig sind von allen Pässen die Uspallatapässe die am meisten benutzten. Der westlichere derselben, der Paso de la Iglesia, ist 1700 m höher als der St. Gotthard, 2450 m höher als der Brennerpass. Der Eingang zu dem projektierten Eisenbahntunnel bei Las Cuevas liegt 2070 m höher als der Eingang des Tunnels bei Göschenen.

Im Dezember 1893 und Januar 1894 hielt ich mich im Thal des Rio de las Cuevas auf, einmal am Fusse der Uspallatapässe, in Las Cuevas (3180 m), ein anderes Mal in dem östlich von ihm, zwischen Las Cuevas und dem Endpunkt der transandinischen Eisenbahn Punta de las Vacas (2460 m) gelegenen, damals sehr ärmlichen Badeort Baños del Inca (2760 m).

Um den Leser mit der Landschaft bekannt zu machen, führe ich ihn auf den Paso de la Iglesia (3810 m), den westlichen der Uspallatapässe (Tafel XV, 29), die auch kurz mit Cumbre (Gebirgskamm) bezeichnet werden. Die kleine, in der Mitte des Bildes 29 gelegene Spitze trennt die beiden Pässe. Der Paso Vermejo (3970 m) führt zu dem links von der Spitze gelegenen kleinen, horizontalen Schneefeld, der Paso de la Iglesia über die rechts von ihr gelegene Einsattlung.

Vom Pass erschliesst sich eine wunderbare Aussicht auf das Innere der Kordillere. Nach der argentinischen Seite (Tafel XVI, 31, 32, 33) blickt man das Thal des nun nach Norden umbiegenden und von Las Cuevas den Namen Rio de las Bodegas annehmenden Flusses aufwärts, bis zu den vergletscherten Hängen ($330^{3}/_{4}^{0}$), die den rechten Lauf seines Ursprungs begleiten und nähren. Im Vordergrund erscheinen die hangenden Gletscher des Tolorsagrates und die höchsten Gipfel des Cerro de la Tolorsa ($23^{3}/_{4}^{0}$) dahinter, während links davon, $2^{1}/_{2}^{0}$ östlich vom magnetischen Nord, ein hoher Berg, der Kamm der andinen Jungfrau, des im Horconesthal gelegenen Cerro de los Almacenes hervorragt. Schutthalden verdecken den Blick ostwärts auf das Flussthal. Auf der chilenischen Seite (Tafel XVI, 34) sind über niedrigeren Kämmen die mächtigen, vereisten Wände des Cerro Juncal ($167^{3}/_{4}^{0}$) und westlich davon senkrecht abfallende Felskolosse, welche die Einheimischen Los Leones (180^{0}) nannten, sichtbar.

Die Uspallatapässe und andere Uebergänge in den Anden haben auch in strategischer Beziehung und in historischer Zeit, wie die Alpenpässe, eine Rolle gespielt. Während des chilenischen Befreiungskrieges (la guerra de la independencia) gegen die Spanier führte der General San Martin im Januar 1817 seine Truppen von Mendoza über die Kordillere. Um den Feind zu täuschen, seine Aufmerksamkeit auf verschiedene Punkte zu lenken und die Vereinigung seiner Streitkräfte zu verhindern, sandte er eine kleinere Abteilung unter Oberstlieutenant Don Ramon Freire über die südlichen Pässe gegen Talca, eine andere unter Lémus gegen Santiago und eine dritte unter Cabot weiter nördlich gegen Coquimbo. Den Oberst Heras liess er Mitte Januar mit einem Bataillon, dreissig Grenadieren zu Pferde und zwei Geschützen über die Uspallatapässe gegen Santa Rosa de los Andes vorrücken mit dem Befehl, sich der Stadt nicht vor dem 8. Februar zu bemächtigen. Die unter seinem Befehl stehende Hauptmacht von 3000 Mann Infanterie, 970 Mann Kavallerie und Artillerie mit 1600 Pferden, über deren Bestimmung er nichts verlauten liess, teilte er in die Vorhut unter General Miguel Soler, das Centrum unter General O'Higgins und die Nachhut unter seinem unmittelbaren Befehl. 120 Arbeiter mit Werkzeugen für den Wegebau, Vorräte für 14 Tage und 9000 Maultiere, wovon 7000 Reittiere und 2000 Lasttiere, begleiteten die Truppen. Trotzdem man für den Unterhalt der Tiere durch Mitnahme von Futter gesorgt hatte, erreichten nur die Hälfte der Maultiere und 500 Pferde Chile. Am 18./19. Januar verliess San Martin Mendoza und marschierte nördlich gegen den Paso de los Patos, der durch das Aconcaguamassiv von den Uspallatapässen getrennt wird. Nach Ueberschreitung der Anden, während der ganze Bataillone im höchsten Maasse von der Bergkrankheit zu leiden hatten, gelangte er glücklich nach Santa Rosa de los Andes, das von den Spaniern nach kurzem Gefechte geräumt wurde. Am 12. Februar siegte er dann über die königlichen Truppen — los realistas, los godos — in der berühmten Schlacht von Chacabuco, die seinen Namen zu einem der gefeiertsten im spanischen Südamerika machte.

Der Paso de la Iglesia wurde meinerseits fünfmal betreten, und ich gebe hier zu den Daten die betreffenden meteorologischen Beobachtungen: 11. XII. 93, 7^h vormittags, G A (Goldschmid-Aneroid) 483·2 mm, + 3$^1/_2^0$ (stets Celsius), klar, Sturm. — 10. I. 95, 1^h nachmittags, G A 480·2, + 4$^1/_2^0$, klar, Sturm. — 19. I. 95, 6^h nachmittags, G A 481·9, + 2$^1/_2^0$, klar, windstill. — 20. I. 95, 11$^1/_2^h$ vormittags, G A 481·5. Siedepunkt: Baudin 481·8. Siedepunkt: Fuess 482·5, + 8°, klar, sehr windig. — 23. III. 95, 7^h vormittags, sehr kalt beim Aufstieg, klar, windstill. Näheres über die dabei benutzten Instrumente findet der Leser im Anhang.

Mein Aufenthalt in Las Cuevas dauerte vom 30. November bis 11. Dezember 1893, und unternahm ich während desselben von dem damals einzigen kleinen Gasthause aus, in dem ich ganz leidlich verpflegt wurde, Vorstösse in die umgebende unbekannte Bergwelt.

Dicht vor der kleinen Ebene von Las Cuevas, an der sich auch der Eingang zu dem projektierten, noch nicht in Angriff genommenen Eisenbahntunnel (Tafel XV, 30) befindet, führt die Strasse durch einen Bergsturz, dessen riesige Trümmer den Rio de las Cuevas auf natürliche Weise überbrücken. Von diesem Bergsturz blickt man nach Nordwest in ein kleines Hochthal (Tafel XVII, 36) — nennen wir dasselbe el Cajon de la Tolorsa —, dessen beide konisch geformte Gipfel die von der Cumbre sichtbaren, hangenden Gletscher tragen, von welchen der nördlichste bis 3930 m hinabreicht. Bewegt man sich von dem Bergsturz gegen Westen zu der auf der rechten Seite des Bildes 30 sichtbaren, an ein arabisches Grabmal erinnernden Casucha, einem der jetzt unbenutzten, von der Regierung für die Reisenden erbauten Unterkunftshäuser, so nimmt der Cajon de la Tolorsa eine sehr veränderte Gestalt an (Tafel XVII, 37), und in seinem Hintergrunde erscheint der Gipfel, nach dem ich ihn benannte. Um mich diesem Gipfel zu nähern, überschritt ich am 4. Dezember um 4$^1/_2^h$ morgens den Fluss mit zwei Begleitern, einem Chilenen José Gelver und einem Argentinier Anacleto Olivariá, stieg den erwähnten Bergsturz hinauf und schwenkte dann nordöstlich gegen die geneigten Wände vor dem vorderen Gipfel des Cajon. Das Besteigen derselben war bei der Neigung und dem festen Gestein, auf dem meist nur wenig herausschauende Fragmente Halt boten, nicht ganz leicht. Infolgedessen kam ich oben allein an, und auf meinen Zuruf erfolgte von unten das »non possumus« auf castilianisch. Schliesslich kam Anacleto doch auf Strümpfen hinauf, und bald nachher erschien, ohne Hilfe des inzwischen herausgeholten Seils, auch José auf der Bildfläche. Um 9$^1/_4^h$ machten wir eine dreiviertelstündige Rast (4280 m) unterhalb eines Grates, über dem die Gipfel des Cerro de la Tolorsa sichtbar waren; dann erreichten wir über wenig geneigten Firn in 25 Minuten jenen Grat, von dem ich annahm, dass er den weiteren Anstieg vermitteln würde. Zu meiner Ueberraschung fand sich jedoch, dass ihn ein breites Thal von der Tolorsa trennt, und dass dasselbe ausgefüllt wird durch einen Gletscher erster Ordnung, dessen hauptsächlichstes Nährgebiet eine steile Firnhalde bildet, und dessen Zunge in geringer Neigung, trümmerbesät, stark zerklüftet, und ohne Schneebedeckung, so dass ich von meinem Standpunkt in die offenliegenden Spalten hinabblickte, in Südsüdost- und Südrichtung zu der nach Las Cuevas führenden Strasse hinabzieht. Wir stiegen noch 1$^1/_2$ Stunden höher hinauf und machten dann im Graupelwetter bei 4560 m Kehrt, in der Ueberzeugung, dass ein weiteres Resultat auf diesem Wege wohl kaum, oder doch nur zu erreichen sei, wenn man in der Höhe von ca. 4300 m nächtigt. Beim Ueberschreiten von Fels gegen ein Firnfeld hatten wir oben das Seil angelegt, und beim Abstieg über die Wände schlug ich vor, dasselbe wieder zu benutzen. Die Leute reagierten jedoch nicht darauf, und so stiegen wir ohne dasselbe hinab. Ich war froh, als wir die Thalsohle wieder unter den Füssen hatten. Um 5^h trafen wir wieder in Las Cuevas ein.

Am Tage nach der Auffindung des Tolorsagletschers ritt ich flussabwärts und dann die Höhen hinauf, die ihn gegen die Strasse hin verdecken. Von hier, dem Paramillo de las Cuevas, am östlichen Ufer des Gletschers und in einer Höhe von 3710 m, photographierte ich denselben. Ungefähr $3^1/_2$ cm vom oberen und 3 cm vom linken Rande des Bildes (Tafel XVIII, 38) befindet sich die Einsattlung, von der ich zuerst den Gletscher erblickte, und auf dem Firnfeld, unterhalb der darüber gelegenen kleinen Spitze die Stelle, bis zu der wir damals vordrangen. Der Gang an der Wand unterhalb des Tolorsagipfels ist auch auf der Aussicht von der Cumbre (Bild 32, $23^2/_4°$) zu erkennen, und in der vor ihm gelegenen, teilweise mit Firn angefüllten Mulde liegt der Weg, welcher uns gegen das rechte Ufer des Gletschers führte. Die Wand zur rechten Seite dieser Mulde, die sich über Bild 33 fortsetzt und dieselbe ist wie diejenige auf Bild 37, rechts von der Tolorsa, besteht aus einem Konglomerat mit haushohen Trümmern, und der Boden der Mulde enthält Fragmente eines eruptiven Gesteins.

Der Gletscher der Tolorsa zeichnet sich aus durch eine bedeutende Schuttbedeckung, so dass man ganz im Vordergrunde und an den Wällen des rechten Ufers das Eis unter den Felstrümmern nicht erkennen kann; an dem Wall des linken Ufers tritt das Eis auch auf dem Bilde 38 zu Tage. Ich verfolgte die linke Seitenmoräne des Gletschers abwärts, mühsam über das grobe, sie bedeckende Geröll kletternd. Hier fand sich bei 3565 m noch ein mächtiger Gletscherbruch, und dürfte das Eis auch noch etwas weiter hinabreichen, doch war solches unter dem Schutt nicht festzustellen, da die Eispickel nicht zur Stelle waren. Der Gletscherbach, zu dem es dann steil hinabging, ist ein ganz minimaler und war am Nachmittage bereits wieder gefroren. Ein Thor und einen sichtbaren Abfluss besitzt dieser Gletscher nicht; seine Entwässerung dürfte wohl unterirdisch erfolgen. Das Erdreich in seiner Nähe war zerrissen; es zeigte Spalten wie ein Gletscher und kleine Nadeln, wie der Nieve penitente oder Büsserschnee.

Diese letztere sonderbare Bildung scheint nur den Anden eigentümlich zu sein. Vorzüglich tritt sie auf Schneeflächen auf, aber auch auf Eis und seltener auf Erde. Meist besteht sie aus nadelförmigen, wohl durch die Sonne und besonders den Wind hervorgerufenen Modellierungen. Man trifft Schneefelder an, auf denen die über einen Meter hohen Nadeln so eng zusammenstehen, dass man gerade Platz findet, um sich auf den konkaven Furchen zwischen ihnen durchzuwinden. Einige dieser Nadeln, aus dichtem Schnee bestehend, fallen bei der geringsten Berührung um, einen Stumpf zurücklassend; andere weichen nur einer gewissen Kraftanstrengung. Es giebt ausgedehnte Felder von Penitenteschnee, die sich an den Bergen hinabziehen; andere, weniger umfangreiche liegen in Thalsenkungen und auf ebenen Stellen der Hänge. Dünnere Schneelagen an Halden und auf Hochflächen zeigen diese Bildung nicht, ebensowenig tiefer in den Thälern lagernde, grössere Reste von Lawinenschnee.

Von den hohen Bergen, die dem Reisenden auf dem Wege über die Uspallatapässe auffallen, ist der Cerro de la Tolorsa der einzige, dessen Fuss er nahe kommt. Schon bald hinter Punta de las Vacas (Tafel XVIII, 39), beim Eingang in das Thal des Rio de las Cuevas und dann in wechselnder Gestalt, bis zu den Pässen ist der Berg sichtbar. Bewegt man sich von Las Cuevas weiter nach Westen, so verschwindet die Tolorsa (Tafel XIX, 40, 41) hinter ihren zum Fluss steil abfallenden, von mächtigen Schutthalden umhüllten Vorbergen. Das Thal biegt nach Norden um (Tafel XX, 42, 43) und nimmt den Namen Valle de las Bodegas an. Um mich der westlichen Flanke des Cerro de la Tolorsa zu nähern, ritt ich am 9. Dezember vor Tagesgrauen, kurz nach 4^h, mit José und Anacleto von Las Cuevas fort. Wir wandten uns über den sich hier in verschiedene, seichte Arme teilenden Fluss gegen die linke Seite des Valle de las Bodegas. Nach einem Ritt von zwei und einer halben Stunde über ausgetrocknete Rinnsale und steile Halden, an denen uns unsere Tiere mit bewundernswerter Geschicklichkeit und Sicherheit entlang trugen, verliessen wir die letzteren. Zwei derselben wurden mit Lassos an Steinen befestigt; Anacletos Pferd blieb ungefesselt, es war gewohnt, seinen Reiter dort zu erwarten, wo er dasselbe verliess. Die Tiere fielen sofort über die spärliche Weide her, die sie selbst der Alfalfa vorziehen. Die Halden aufwärts steigend, betraten wir nach einer kurzen Stunde die Sohle eines kleinen Hochthals (3720 m), von dessen Firnfeldern uns ein eisiger Wind entgegenwehte, der das Thermometer auf — 3^0 sinken liess. Dann schwenkten wir gegen Süden und stiegen in zwei Stunden die zu unserer Rechten liegende Halde hinan, auf eine kleine Plattform (4160 m), die eine wundervolle Aussicht auf die klar vor uns liegende Landschaft gewährte. Sehr schön war von hier der Blick auf die Uspallatapässe (Tafel XXI, 44), und der Leser wird durch die Aufnahme von dieser Stelle eine bessere Vorstellung von jenen vielgenannten Uebergängen erhalten, wie von den auf der Thalsohle genommenen Ansichten derselben. In der Tiefe ist die Biegung von Thal und Fluss gegen Osten sichtbar. Ungefähr in der Mitte der Längserstreckung des Bildes erscheint auf dem ersten Kamm die beide Pässe trennende, kleine Spitze. Rechts von derselben liegt der Sattel des Paso de la Iglesia (3810 m), an ihrer linken Seite das längliche, ziemlich horizontale Schneefeld, zu welchem der Paso Vermejo (3970 m) führt. Im Hintergrunde erscheinen die Firnfelder des Cerro Juncal und rechts vom Paso de la Iglesia die mir als Los Leones bezeichneten Felswände, deren höchste im magnetischen Süd liegt. Auch auf der östlichen Fortsetzung dieses Bildes (Tafel XXI, 45) wird ein ziemlich hoher Berg sichtbar.

Nach der photographischen Aufnahme der beiden Bilder stiegen wir gegen die östlich von uns liegenden Grate aufwärts. Zuerst ging das ganz leidlich; bald wurde aber das Gestein so brüchig, dass ich, vorausgehend, trotz aller Vorsicht den ganzen Berg in Bewegung brachte. Aus Rücksicht für unsere Köpfe, müde des langsamen Vordringens, der anscheinend weiterhin noch schwierigeren Verhältnisse wegen, blies ich nach zwei Stunden zum Rückzug. Inzwischen hatte sich der Himmel bewölkt; das nachmittägliche Graupelwetter war vom Stillen Ocean im Anzug begriffen. Gegen die bereits hinter Wolken verborgene Sonne wurde auf der Plattform, zurückgekehrt, die photographische Camera gerichtet (Tafel XXII, 46). Die Berge, welche von hier aus gegen Westen den Horizont begrenzen, werden schon auf chilenischem Gebiet, in der Nähe der Laguna del Inca liegen. In der unteren rechten Ecke des Bildes 46 ist der von Norden gegen den Beschauer strömende Rio de las Bodegas sichtbar. In ihn mündet rechts das aus dem Hochthal gegenüber kommende Gewässer in einem kleinen Fall. Der Anfang unseres Marsches gegen Osten ist auf dem Bilde 47 (Tafel XXII) ersichtlich. Ueber die Aufnahme des kleinen Hochthals, von dessen Sohle wir gegen die Plattform anstiegen, wird weiter unten berichtet werden. Zu unseren Tieren zurückgekehrt, stiegen wir mit denselben zum Fluss hinab und ritten am linken Ufer desselben hinaus nach Las Cuevas, das wir um 6^h erreichten.

Die in Las Cuevas gemachten, durch Siedepunktbestimmung kontrollierten Ablesungen der Aneroide und diejenigen der Luftthermometer wurden an so verschiedenen Terminen vorgenommen, dass aus ihrer Zusammenstellung gute Mittel nicht abzuleiten sind. Der niedrigste Luftdruck wurde 6. XII. 4^h nachmittags, bei Graupelwetter, mit 520·8 mm, der höchste 3. XII. 9^h vormittags und 8. XII. 6^h vormittags, beidemal mit 523·8 notiert. An vorletztem Termin, einem wunderbaren, wolkenlosen Tage, zeigte das Thermometer — 2^0 und stieg bis 2^h nachmittags auf $+ 14^0$; am 5. XII. 7^h vormittags zeigte es $+ 6^1/_2^0$, 5^h nachmittags $+ 9^0$, 10. XII. 7^h nachmittags noch 12^0. Das Mittel der Ablesungen würde für die erste Hälfte des Dezember etwa 522·5 mm und $+ 8^0$ C. ergeben. An den Nachmittagen graupelte es häufig; zwei Tage waren fast windstill und wolkenlos; am 2. XII. war es schon um 11^h vormittags sehr windig, von 2^h nachmittags ab herrschte Sturm, der grosse Staubmassen aus dem Flussbett und der kleinen Ebene emporwirbelte und nach 6^h abflaute.

Ungefähr 10 km von Las Cuevas und 20 km von Punta de las Vacas liegen am rechten Flussufer einige dürftige Gebäude, die Incabäder, los Baños del Inca, in einer Höhe von 2760 m. Die Veranlassung zur Anlage derselben bildeten Quellen, die wenige Schritte unterhalb der Gebäude, am rechten Pfeiler einer Naturbrücke entspringen und eine Temperatur von 33^0 besitzen (Tafel XXIII, 48, 49). Die Quellen sind Kalksäuerlinge und entleeren sich in von ihnen selbst gebildete Sinterbecken, die als Badewannen für die Besucher der Incabäder dienen. Die Brücke, el Puente del Inca, liegt 20 m über dem Flussspiegel; ihre Länge beträgt 40 m, ihre Breite 30 m. Die Entstehung derselben erklärt sich nach Stelzner derartig, dass die das Geröll des Thalbodens überdeckenden, über 1 m mächtigen Kalktuffbänke bei der Brücke unterwaschen wurden. Das Geröll wurde fortgeschwemmt; die Bank darüber, vielleicht immer wieder durch die nahe Quelle verstärkt, blieb stehen und bildet jetzt den Bogen der Brücke. Oberhalb und unterhalb (Tafel XXIV, 50, 51) der letzteren haben die Quellen vom Eisenocker gefärbte, meterhohe und kaskadenförmige Ablagerungen angesetzt, und vom Brückenbogen hängen zahlreiche Stalaktiten herab, so dass sie einen ganz magischen Eindruck macht. Auf den Bildern 48 und 49 sind an der rechten Seite der Brücke die einfachen Badezellen, der von oben zu ihnen führende

Weg und das aus ihnen abfliessende Wasser sichtbar. Auf dem oberen Bilde erscheinen rechts im Hintergrunde die Gebäude des »Badeetablissements«; die an dem weissen Hause sichtbaren Thüren führten zu den guten Stuben. Auf dem unteren Bilde sieht man den Fluss gegen die durch den Brückenbogen sichtbare, rechte Thalseite fliessen. Bei der kleinen Schlucht, welche auf diesem Bilde 49 oberhalb der linken Brückenseite erscheint, werden am rechtsseitigen Ufer, auf der Brücke stehend, abgebrochene Kalktuffbänke sichtbar (Tafel XXV, 53). Auf dem Bilde 50 sieht man zur Linken das »Badeetablissement« von der anderen Seite; der im Schatten liegende Teil desselben enthielt das Speisezimmer. Ueber den Gebäuden öffnet sich das Valle de los Horcones. Hinter dem Brückenbogen erscheint das tiefeingegrabene Flussbett, durch ihn strömt der Fluss auf dem Bilde 51 gegen den Beschauer.

Ich war von Las Cuevas nach Chile hinuntergegangen, hatte Santiago, Valparaiso und die deutschen Kolonien in Valdivia und Puerto Montt besucht und war durch den Smyth Channel und die Magalhäesstrasse nach Buenos Aires zurückgekehrt, in der Absicht, nochmals in die Anden zu gehen. Als Standquartier wählte ich diesmal die Baños del Inca und nahm vom 2. bis 18. Februar Aufenthalt in dem gerade nicht sehr empfehlenswerten »Badeetablissement«, das durch eine menschenwürdigere Anlage seitens einer englischen Gesellschaft ersetzt werden soll. Hier waren Begleiter nicht zu erhalten, und meine Ausflüge wurden infolgedessen allein unternommen.

Eine Stunde westlich von den Bädern mündet in das Hauptthal ein nördliches Seitenthal, el Valle de los Horcones, aus dem der gleichnamige Fluss strömt, der einige hundert Meter oberhalb der Bäder seine trüben Fluten mit denjenigen des Rio de las Cuevas vereinigt (Tafel XXV, 52). Im Hintergrunde jenes Thales wird von der Strasse und noch besser von dem ihm vorgelagerten, niedrigen Hügelzug ein vergletscherter Berg sichtbar, in ähnlicher Weise wie die Jungfrau von Interlaken (Tafel XXVI, 55). Es ist der Cerro de los Almacenes. Am 7. Februar verliess ich beim Grauen des Tages, kurz vor 5^h, die Bäder, nur bewaffnet mit Aneroid, Thermometer, Prismenkompass, Fernrohr, Eispickel und dem nötigsten Mundvorrat. Ich verfolgte zunächst die Strasse thalaufwärts, überschritt den dem Eingang in das Valle de los Horcones vorgelagerten, niedrigen Hügelzug (Tafel XXVI, 54) und traf um $6^{1}/_{2}^{h}$ an einer kleinen Lagune (3010 m) ein. Der Tag war wolkenlos und windstill. Um $7^{1}/_{2}^{h}$ nötigte der Horconesfluss, an dessen rechtem Ufer ich mich befand und den ich seiner Wassermassen wegen nicht überschreiten konnte, sein zerrissenes rechtsseitiges Ufer etwas höher zu umgehen; dann stieg ich wieder zu ihm hinab und folgte seinem Lauf thalaufwärts. Um 9^h verliess ich den Fluss, der hier dicht an senkrechter Felswand entlang fliesst, und wandte mich westlich die Halde hinauf, zu den sie begrenzenden Felsen und durch eine steile Rinne auf den Grat dieser Felsen. Hier rastete ich, was das besondere Interesse eines winzigen Kolibris zu erregen schien, der, dicht neben mir flatternd, seine Neugier in wenigen Sekunden befriedigte und dann von einem riesigen Kondor abgelöst wurde, der, über mir kreisend, seine Okularinspektion auf ebenso viele Minuten ausdehnte. Es war $11^{1}/_{2}^{h}$ geworden. Das Aneroid wurde abgelesen und das Schleuderthermometer in Bewegung gesetzt; dann musterte ich von dem 3500 m hohen Punkt die Gegend mit dem Fernrohr. Der Fuss der vergletscherten Hänge des Cerro de los Almacenes wurde durch einen davorliegenden Berg verdeckt. Am Fuss des letzteren befand sich ein Gletscherthor, hinter dem ein Stück eines Gletschers sichtbar wurde, und aus dem der Rio de los Horcones wahrscheinlich seine Hauptnahrung erhielt. Das Klinometer des Prismenkompass ergab, dass der Gletscher ungefähr auf der Höhenkurve meines Standpunktes endigte. Ich verliess den letzteren um $12^{1}/_{2}^{h}$, um zu versuchen, mich dem Gletscher zu nähern.

Auf ihrer unteren Hälfte war die Halde von den Schmelzwassern des Frühjahrs derartig zerrissen, dass sie nicht gangbar war; sie endigte an der senkrecht zum Flusse abfallenden Felswand. So stieg ich zu tief hinab und musste wieder hinauf. Auch dann schlug ein Versuch, den Weg über die tief eingerissenen Furchen zu kürzen, wobei sich der Eispickel vorzüglich bewährte, fehl. Bis an die Felswand musste ich zurück, um das Hindernis zu umgehen. Jenseits desselben traf ich auf eine für diese Gegend ungemein üppige Vegetation, kleine, blumengescmückte Flächen von Gräsern, und auf eine Quelle (3265 m), die ihre Umgebung mit einem ockergelben Flaum bezog. Nach kurzer Rast und reichlichem Genuss des vorzüglichen Wassers von $6^{1}/_{2}°$ setzte ich den Marsch um 3^{h} fort, an mächtigen Gipslagern vorbei und über klares Wasser führende Bäche, bis ich um $4^{3}/_{4}^{h}$ den oberen Rand des Gletscherthors vor mir hatte (3440 m). Die Rücksicht auf den Heimweg und der Wunsch, die unangenehmen Stellen des Weges möglichst vor Eintreten völliger Dunkelheit zurückzulegen, bewogen mich, hier umzukehren. Um 6^{h} war ich wieder bei der Quelle, noch in der Dämmerung an der morgens um $7^{1}/_{2}^{h}$ betretenen Stelle und, nach einer nächtlichen kurzen Verirrung, um $11^{1}/_{4}^{h}$ in den Bädern.

Unmittelbar östlich von den Bädern steht an der rechten Thalseite ein roter Fels, wohl ein Sandstein ($112^{1}/_{2}°$), und ihm gegenüber bricht die linke Thalseite ($35^{1}/_{4}°$) in ganz derselben Weise ab (Tafel XXVII, 56, 57). Die Fortsetzung dieser linken Seite in westlicher Richtung bis zum Horconesthal bringt Tafel XXVIII, 58, 59 zur Anschauung.

Bewegt man sich von den Bädern einige hundert Schritte thalabwärts, so sieht man rechts von dem erwähnten roten Fels eine trockene Runse hinauf (Tafel XXIX, 61). Um einen Ausblick nach Norden zu gewinnen, stieg ich am 11. Februar um $6^{1}/_{4}^{h}$ vormittags diese Runse hinauf, und da es für die Aufschliessung der dortigen Gegend von Nutzen sein kann, will ich hier kurz darüber berichten. In der Runse nötigte eine hohe Stufe zum Ausweichen an dem steilen Hang; später ging es halbrechts über Geröllhalde allmählich bergan, dann kurze Zeit etwas steil durch die Felsen auf den Grat, an den sich auf der anderen Seite eine sanft abfallende Erdschicht anlehnte, auf der ich wie auf einem Teppich gegen den höchsten Punkt des Grates emporstieg. Um 1^{h} war derselbe erreicht (3870 m). Der Aufenthalt unterwegs betrug $1^{3}/_{4}$ Stunden. Der Himmel, früh bewölkt, hatte sich aufgeklärt; es war ganz windstill, zuweilen wehte eine angenehme Brise. In der herrlich beleuchteten Landschaft fesselte vor allem der Blick auf den Cerro de la Tolorsa ($294°$).

Der Anblick nach Norden ging nicht über den Cerro de los Almacenes und die linke Thalseite hinaus. Nach Süden war ein Gletscher ($185^1/_2°$) sichtbar, dessen oberer reiner Fall von der trümmerlosen Zunge durch ein schmutziges Band getrennt wurde. Das Gletscherende erreichte nicht die Thalsohle und lag höher als mein Standpunkt. Es machte den Eindruck, als ob dort ein ausgedehntes Nährgebiet sich befinde. Oestlich liegt der Cerro de los Penitentes ($125°$), ein bank- und säulenförmig abgesonderter Berg. Man würde wohl zwischen dem letzteren und dem bestiegenen Berg — er wird vielleicht einen mir unbekannten Namen haben, nennen wir ihn inzwischen Once Febrero — mit den Maultieren sich dem Gletscher nähern und versuchen können, zum oberen Rio Tupungato zu gelangen, von dem später die Rede sein wird. Nach 2^h setzten heftige Windstösse ein. Der Abstieg wurde in drei kleinen Stunden bewerkstelligt.

Ungefähr eine Stunde thalabwärts, also östlich von den Incabädern, peilte ich die erstiegene Spitze Once Febrero (Tafel XXIX, 60) mit $205^1/_4°$ an. Sie liegt ganz zurück, und ich hätte sie vielleicht von unten nicht wieder aufgefunden, wenn ich nicht oben Sardinen gefrühstückt und die leere Büchse an den höchsten Zacken gehängt hätte. Die Sonne spiegelte sich darin, und mit dem Fernrohr fand ich Büchse und Spitze leicht wieder auf. Sie ist die höchste Erhebung des Kammes unmittelbar hinter den Incabädern. Ueber die von derselben und von anderen Stellen der Anden mitgebrachten Gesteinsproben, die ich berufenen Händen übergab, kann ich z. Zt. nichts Genaueres mitteilen. Oben lagen Sandsteine unterhalb der höchsten Spitze, die aus einem Konglomerat mit sehr abgerundeten, fingerlangen Stücken und wenig festem Bindemittel bestand. Die rechts von der Spitze, auf dem Bilde 60 als Buckel erscheinende Erhebung bestand aus einem sehr festen, schwärzlichen, porphyrischen Gestein, von dem ich nur einige Splitter losbekam. Auf dem Wege zu dieser Spitze hatte ich unter dem Grat auf Bild 61 eine schöne, stengellose Blume angetroffen. Sie bestand aus über thalergrossem, gelbem Stern, der vom Erdboden nur durch eine Lage grüner Blätter getrennt war. Wenn jemals sich ein Andenverein bildet, so sollte er, wie der Alpenverein das Edelweiss, jenen Stern auf seine Fahne setzen.

Während meines Aufenthalts in den Incabädern waren dieselben sehr stark besucht, sowohl von Bewohnern Mendozas wie von solchen der Hauptstadt, die hier ganz wie die Europäer der Sommerhitze in der Ebene aus dem Wege gingen. Alle diese Besucher hatten ihre Bedienung und einen gewissen Komfort, wie Tischzeug u. s. w., mitgebracht. Sie gehörten teilweise der besten Gesellschaftsklasse an; so befanden sich aus Buenos Aires ein Arzt mit seiner Gemahlin und ein höherer Beamter in Begleitung mehrerer Damen unter ihnen, was beweist, dass etwas schweizerische Fremdenindustrie auch in jenen Thälern gewiss ihre Rechnung finden würde. Der Verkehr mit ersterem Herrn und einem Franzosen gehörte zu den Annehmlichkeiten meines Aufenthalts.

Nach den in den Baños vorgenommenen, durch Siedepunktbestimmungen kontrollierten Aneroidablesungen war der niedrigste Luftdruck am 10. II. 2^h nachmittags 547·6 mm bei $+ 22°$, der höchste am 14. II. $6^1/_2{}^h$ vormittags 554·0 mm bei $+ 3°$ und am 17. II. 8^h vormittags bei $+ 5°$. Ein Mittel der mit Bezug auf Tag und Stunde unregelmässig vorgenommenen Ablesungen würde ergeben:

7^h 552·3 + 7^0, 2^h nachmittags 549·9 + 20^0, 9^h nachmittags 552·1 + 13^0; oder für die erste Hälfte des Februar 551·1 mm und + 13^0. Zu dieser Jahreszeit erfolgten in den Bädern die häufigen Niederschläge am späteren Nachmittag nicht in Form von Graupelkörnern, sondern als Regen, meist in geringem Maasse. So fiel am 12. II. 7^h nachmittags etwas Regen; 13. II. 6^h nachmittags längerer angenehmer und warmer Regen, ohne Wind und Staub, auf den Bergen Neuschnee; am 14. II. 4^h nachmittags Regen, der um 5^h unter Donnerrollen aufhörte; 15. II. 3^h nachmittags etwas Regen bei schwüler Luft; 16. II. $4^{1}/_{2}^{h}$ nachmittags etwas Regen, nach diesem auf den Dächern ein Hauch wie Reif; am 17. II. waren die Berge ziemlich tief hinab mit Neuschnee bedeckt.

Die Hoffnung, geeignete Begleiter doch noch zu erhalten, hatte mich veranlasst, den, abgesehen von einigen windigen und staubigen Nachmittagsstunden, klimatisch sehr angenehmen Aufenthalt in den Bädern länger wie beabsichtigt auszudehnen. Alle hierauf bezüglichen Bemühungen scheiterten jedoch, und da unter diesen Umständen eine wesentliche Förderung der Zwecke der Reise nicht zu erreichen war, entschloss ich mich hinunterzugehen. So verliess ich denn den Gebäudekomplex der Baños del Inca, jenes Konglomerat von Adobes, gebrannten Ziegeln, Trägerwellblech und hölzernen Brettern, und ritt in drei Stunden hinab nach Punta de las Vacas, beim Cerro de los Penitentes (Tafel XXX, 63) vorbei, der seine Spitzen gegen einen wolkenlosen Himmel emporstreckte. Nur der Tupungato (Tafel XXXI, 64), der im Hintergrund des langen, von dem gleichnamigen, wilden Flusse durchströmten Thales sichtbar wird, das kurz vor Punta de las Vacas in das Mendozathal mündet, trug seine Wolkenhaube. Unterhalb Punta de las Vacas vereinigen sich die Wassermassen des Rio Tupungato, des Rio de las Cuevas und des von Norden aus dem gleichnamigen Thal strömenden Rio de las Vacas, dessen trübe Fluten ebenfalls darauf schliessen lassen, dass er Gletschern sein Dasein verdankt. Der Zusammenfluss dieser drei Ströme nimmt dann den Namen Rio de Mendoza an. — Mit der Bahn fuhr ich von Punta de las Vacas nach Mendoza zurück.

V.

Die Thäler des Rio de las Bodegas und Rio de los Horcones.

Um eine vollständige Erschliessung der südlichen Aconcaguathäler und dann des ganzen Berggebietes zu erhalten, war die Ausrüstung einer Expedition notwendig. Ich hielt die Jahreszeit für bereits zu weit vorgerückt, um jetzt noch von Mendoza aus diesen Entschluss zur Ausführung zu bringen, und verliess die Anden mit dem Vorsatz, im nächsten Südsommer zu ihnen zurückzukehren und die Erschliessung jener unbekannten Thäler in der angegebenen Weise zu versuchen. Das geschah denn auch. Am 21. Februar verliess ich Mendoza, besuchte das argentinische Ostende Mar del Plata, Paraguay und seinen Chaco und kehrte über Buenos Aires nach Europa zurück. Am 19. Dezember 1894 traf ich wieder am Fusse der Anden ein.

Meine erste Aufgabe nach meiner Ankunft in Mendoza war, für die Zusammenstellung und Verproviantierung einer Tropa zu sorgen. Die Tropa nimmt in Südamerika ungefähr die Stelle der afrikanischen Karawane ein, nur dass das Transporttier der ersteren das Maultier ist. Mit Hilfe liebenswürdiger Mitglieder der deutschen und schweizerischen Kolonie Mendozas gelang die Zusammenstellung nach einigen wiederholten Besuchen der nördlichen Vorstadt Las Heras, wo die Besitzer und Vermieter der Tiere, die Arrieros, namentlich ihren Wohnsitz haben. Sechzehn muntere Maultiere (mulas) und eine Pferdestute (yegua) wurden gemietet. — Das Maultier, dessen Vater der Esel ist, hat einen ungemein entwickelten Herdensinn; das Weibliche seiner Abstammung zieht es an und fesselt es. Dadurch hat man ein vorzügliches Mittel, die Tiere zusammenzuhalten; fesselt man die sie begleitende Stute, so entfernen sich die Tiere nicht aus ihrer näheren Umgebung; reitet man mit der Stute davon, so folgen sie ihr. Ganz anders verhält sich das Maultier, dessen Vater das Pferd ist; ihm fehlt der Herdensinn, und bei der Tropa ist es daher nicht verwendbar. In den Besitz der gemieteten Tiere teilten sich die Arrieros Juan Vergara und Juan Oro, die mich auf die Reise begleiteten. Ausserdem wurden zwei kräftige Argentinier, Elias Renoza und Domingo Oro, der Neffe des Arriero, angeworben. Sie dienten mir als Begleiter bei den Bergbesteigungen, als Koch und Diener (mozo de mano). Die Verproviantierung wurde für zwei bis drei Monate berechnet und Vorkehrung getroffen, sie durch Nachsendung mittels Eisenbahn zu ergänzen. Bei ihrer Auswahl gingen mir deutsche Damen mit Rat, ein deutscher Herr mit That an die Hand — ihnen, sowie allen den

Freunden, die der Expedition förderlich waren, sei hiermit nochmals wärmster Dank ausgesprochen. Tabak und Cigarettenpapier, Mate und Zucker wurden in grossen Quantitäten mitgenommen und sind Artikel, die reichlich vorhanden sein müssen, um die Leute bei guter Laune zu erhalten. Yerba mate, der Paraguaythee, wird als stark gesüsster Aufguss von allen Südamerikanern, wie der Thee in China oder Japan, untertags häufig genommen.

Nach zwölf Tagen waren die Vorbereitungen beendigt, der Kontrakt mit den Leuten auch schriftlich geschlossen, der Proviant bereit. Bei einer Bowle wurde Neujahr gefeiert, und am 1. Januar wohnte ich noch der Eidesleistung des neugewählten Präsidenten der Provinz Mendoza auf dem Platz de la Independencia bei. Jahres- und Präsidentenwechsel vollzog sich an regnerischen, ungemein kühlen Tagen. Am 31. Dezember zeigte das Thermometer $1^h + 16^0$, am 1. Januar 1895 um $1^h + 15^0$. Am 2. Januar reiste ich mit meiner durch den Proviant auf über 800 kg angewachsenen Ausrüstung auf der Bahn nach Punta de las Vacas (2460 m), wo meine Leute, die Mendoza mit den unbeladenen Maultieren zwei Tage vorher verlassen hatten, nach 8^h abends ebenfalls eintrafen. Sie hatten von dem regnerischen Wetter zu leiden gehabt und waren auf dem Wege tüchtig durchnässt worden. Aus dem Proviant und durch den Einkauf frischen Fleisches, das in Punta de las Vacas stets zu haben war, versorgten wir uns zunächst für 14 Tage. Die Lasten wurden auf die Tiere derartig verteilt, dass ein Teil derselben unbeladen blieb und als Reserve mitging. Der übrige Proviant blieb in Punta de las Vacas zurück; in dankenswertester Weise nahm ein Tiroler des Trentino, Angestellter der Eisenbahn, denselben in Verwahrung. Brennmaterial wurde nicht mitgenommen. Als solches dienten die vertrockneten Zweige eines niedrigen Krummholzes, das überall, soweit die Vegetation im andinen Hochgebirge reicht, sich reichlich vorfindet und von den Einheimischen Ziegenhorn (cuerno de cabra) genannt wird.

Am 4. Januar war die Tropa marschbereit. Es handelte sich zunächst um die drei Thäler: Vacas, Horcones, Bodegas. In dem geeignetsten derselben sollte dann möglichst weit und hoch vorgedrungen und, je nach dem erhaltenen Resultat, das Aconcaguagebiet von Osten oder Norden, über Picheuta oder Uspallata, angegangen werden. Trotzdem wenig Aussicht vorhanden war, den durch die letzten Niederschläge sehr angeschwollenen Rio de las Vacas überschreiten zu können, wurde der Versuch gemacht, und nach einstündigem Ritt thalaufwärts die Unmöglichkeit festgestellt, dies auszuführen. An dem kleinen Kanal in diesem Thal, der für die Bewässerung eines Teiles der dürftigen Alfalfafelder bei Punta de las Vacas dient, hatten zwei oder drei Bäume Wurzel geschlagen, wahrscheinlich italienische Pappeln, alamos, wohl die einzigen Vertreter des Baumwuchses im Hochgebirgsthal des Rio Mendoza. Da anzunehmen war, dass auch der Rio de los Horcones wasserreich und vielleicht nicht leicht überschreitbar sein würde, beschloss ich zunächst, das Thal des Rio de las Bodegas zu besuchen, dessen breiter, vielverzweigter Flusslauf, wie mir aus meinem Aufenthalt in Las Cuevas bekannt war, ein leichteres Fortkommen mit den Tieren ermöglichte. So ritten wir zurück nach Punta de las Vacas, dann thalaufwärts nach den Baños del Inca, denen ich um 2^h einen kurzen Besuch machte, und bis zum Tolorsagletscher, in dessen Nähe, ein wenig oberhalb der Strasse, wir um 4^h das Lager aufschlugen.

Am nächsten Morgen wurde um 7^h aufgebrochen, vor 8^h Las Cuevas, 10^h die Thalbiegung im Valle de las Bodegas (Tafel XXXII, 66, 67), $10^{3}/_{4}{}^h$ der Wasserfall am rechten Ufer, $12^{1}/_{4}{}^h$ ein ausgetrockneter Lagunenboden erreicht, und um $12^{1}/_{2}{}^h$ das Lager aufgeschlagen, da der Pasto, die Weide für die Maultiere, aufhörte (3500 m). Hier waren wir den auch vom Paso de la Iglesia sichtbaren Firnfeldern schon bedeutend nähergerückt (Tafel XXXIII, 68). Rechts von ihnen (höchste Spitze $334^{1}/_{2}{}^0$) erschien ein hoher, steil abfallender Felskoloss ($347^{1}/_{4}{}^0$); vom Scheitel bis zur Sohle fast ohne Schneebedeckung, machte er im Gegensatz zu den sanfter geneigten Firnfeldern einen fast drohenden Eindruck. Die Aussicht von unserem Lagerplatz gegen Süden, Osten und Westen geben die Bilder 69, 70, 71 (Tafeln XXXIII und XXXIV) wieder. Am Fusse des schuttumhüllten, westlichen Berges fliesst der Rio de las Bodegas. In unserem Lager (Tafel XXXV, 72, 73) war es abends 8^h bei $+4^0$ ganz windstill, so dass ich mir die Cigarre mit einem Wachsstreichholz im Freien anzündete. Auf der linken Seite des Bildes 73 befinden sich die für ein so niedriges Gewächs auffallend starken Zweige und Wurzeln des Cuerno de cabra. Drei der auf diesem Bilde befindlichen Leute tragen an den Füssen Ojotas, aus einem viereckigen Stück Rindsleder bestehend, das gerade biegsam genug ist, um es in der auf dem Bilde ersichtlichen Weise, mit durch Löcher gezogenen Riemen oder Bindfaden an den Füssen zu befestigen. Einer der Leute ging mit diesen Ojotas zuweilen auf die Berge, während der andere stets die benagelten Bergstiefel vorzog. Der Mann zur Rechten sitzt im Poncho, einem ärmellosen, oft bis an den Boden reichenden Ueberwurf, durch dessen Schlitz man den Kopf steckt, und welcher besonders für den Reiter sehr bequem ist. Ponchos aus Vicuñawolle (alpaca), in Perú hergestellt, kosten oft mehrere hundert Mark. Eine andere, der Bevölkerung der argentinischen Pampas eigentümliche Fussbekleidung sind die Botas de potro. Sie bestehen aus der Haut eines Pferdebeines, die, bis die Haare hinuntergehen, in Wasser eingeweicht und dann nass, wie ein Strumpf über den nackten Fuss gezogen wird. Getrocknet bleibt sie dort so lange sitzen, bis sie, durch den Gebrauch abgenutzt, von selbst abfällt. Der Mann auf Tafel XIII trägt derartige Stiefel. Im Zelt benutzte ich zuweilen Alpargatas, eine Art Schuhe aus grobem Segelleinen und einer Sohle aus Hanfstricken oder ähnlichem Stoff; doch sind sie für die andinen Biwaks etwas kühl.

Mit Juan Oro und den beiden Peonen ritt ich am 6. Januar um 6^h früh das breite Flussbett aufwärts, erreichte um $7^{1}/_{2}{}^h$ den Fuss des erwähnten schwarzen Berges und machte um 9^h unterhalb der Firnfelder, oberhalb des rechten Ufers des hier in einem Bogen aus einer tiefen Schlucht strömenden Flusses, den wir kurz vorher überschritten hatten, eine halbstündige Rast. Dann stiegen wir wieder hinab, ritten über den Fluss zurück und die Hänge seines linken Ufers hinan bis zu der Stelle, die eine vollständige Rundsicht auf den Thalschluss gestattete (4125 m. Tafel XXXVI, 74—82). Zur Rechten (32^0) liegen die anscheinend östlichsten Quellbäche des Bodegasflusses, in der Höhe meines Standpunktes, 20 Minuten von demselben entfernt. Kleine Firnfelder hängen in den Furchen des sie umgebenden steilen Felskranzes. Nach Westen folgt ein hoher Felskopf (10½°), in dem von mir, als ich zuerst vom rechten Ufer seine höchsten Teile erblickte, die westlichste der drei Aconcaguaspitzen vermutet wurde. Mehr im Vordergrunde steht eine steile, schwarze Felswand (4½°); die Halden ihres Fusses bilden das rechtsseitige Ufer des Flusses, der dann in die Schlucht tritt. Hinter der Felswand zeigen die Höhen eine ausgedehnte Firnbedeckung. Zunächst folgt eine breite, ganz vergletscherte Kuppe (350°), dann eine Einsattlung und hierauf jene Firnfelder, die mit ihrer höchsten Erhebung (309¼°) von der Cumbre aus sichtbar sind (vom Paso de la Iglesia 330³,₄°). Weiter westlich werden die weissen Flächen spärlicher, das Thal biegt um und verläuft mit seinen, sanftere Formen zeigenden Vorbergen gegen Süden (182°). Bei unserem Standpunkt lag kein Schnee, und Domingo musste gegen den hinter uns liegenden Cerro (Tafel XVI, 35), dessen Sonnenseite auch nur vereinzelte Schneeflächen zeigte, emporsteigen, um den nötigen Stoff für die Siedethermometer zu holen. Bald nach Beendigung der photographischen Aufnahme der Landschaft fing es um 12^h an zu graupeln, und schliesslich wurde das Wetter so ungemütlich, dass ich die Absicht, noch weiter gegen den Hintergrund zu gehen und dann zu versuchen, mit den Tieren im Flussbett durch die Schlucht thalauswärts zu reiten, aufgab. In dem im Jahrgang 1896 der Zeitschrift des D. und Oe. Alpenvereins über diesen Teil der Reise veröffentlichten Bericht habe ich die Vermutung ausgesprochen, dass unter dem bei den Quellen des Rio de las Bodegas lagernden Schutt Eis verborgen sei. Wer den Charakter der andinen Gletscher kennt, musste auf diese Vermutung kommen. Bei der nach der photographischen Aufnahme der Landschaft eingetretenen ungünstigen Witterung konnte ich, auch mit einem guten Glase, keine Verbindung mit einem Nährgebiet für die vermutete Gletscherzunge auffinden. Diejenige photographische Platte nun, auf welcher die Quellen aufgenommen wurden, erhielt nach der Herstellung des Lichtdrucks einen Sprung, und der Sicherheit wegen fertigte ich von derselben ein Diapositiv an. Auf einem solchen Glasbilde erscheint die Landschaft so deutlich wie in der Natur, und bei dem Gebrauch der Lupe treten alle Einzelheiten klar hervor, wie bei der Verwendung des Fernrohrs im Gelände. Mit der Lupe fand ich denn, dass die unter dem Schutt verborgene, unterhalb des Felskranzes 32° liegende Gletscherzunge diesseits des Berges 10½° hervordringt und ihr Nährgebiet jedenfalls hinter der hohen Felswand 14½° liegt. Mit der Lupe wird der Leser auch auf dem Lichtdruck unter der Gradzahl 32, ungefähr in der Mitte des Bildes, die schwarzgraue, muschelförmige Gletscherzunge auffinden und ihre Fortsetzung nach links verfolgen können. Es ist möglich, dass ein kleiner Zufluss des Rio de las Bodegas durch den Felscirkus des Hintergrundes bricht und seine Quelle noch etwas südlicher hat. Als Ursprung des Rio de las Bodegas muss aber wohl dieser Gletscher erster Ordnung betrachtet werden. Dieser Ursprung soll an den Hängen des Aconcagua liegen. Ich habe während meiner Anwesenheit daselbst diesen Eindruck nicht erhalten. — Um 2^h stiegen wir zu Fuss in 35 Minuten zum Fluss hinab und bestiegen dort die Tiere, auf denen wir um 5¼^h das Lager erreichten.

Am folgenden Tage verlegte ich das Lager zwei Stunden thalauswärts (3360 m) an die erste Thalbiegung (Tafel XXXII, 66, 67) und angesichts der Uspallatapässe, um von dort die östliche Thalseite zu ersteigen und mich dem hohen, vom Paso de la Iglesia sichtbaren Berge, den ich damals noch nicht als Cerro de los Almacenes erkannt hatte, zu nähern. Im neuen Lager ging zwischen 2 und 5^h bei einer Lufttemperatur von $+12^0$ unter heftigen Donnerschlägen ein Wetter nieder, das die umliegenden Höhen bis tief hinab mit Graupelschnee bedeckte. In diesem Kleide machte die Landschaft bei untergehender Sonne und in der klaren Mondscheinnacht einen wunderbaren Eindruck.

Am 8. Januar 6^h früh ritt ich die östliche Thalseite hinauf, bis nach drei Viertelstunden (3520 m) der Weg zwang, die Tiere zu verlassen. Ich schickte sie nach dem Lager zurück. Beim Umwenden stürzte das eine derselben infolge der Ungeschicklichkeit des Arriero vom Grat auf die Halde, und bei seinen Versuchen, wieder auf die Beine zu kommen, wurde seine Lage immer kritischer, bis es einem Peon gelang, hinabzusteigen, ihm das Gletscherseil um den Hals zu legen und so das Tier vor dem Sturz in die Tiefe zu bewahren. Um $7^{1}/_{4}{}^h$ ging ich mit Elias und Domingo weiter und betrat bald die Sohle des Hochthals (3720 m. Tafel XXXVII, 84), das sich an den Fuss des Berges hinaufzieht, dessen schwarze Türme unmittelbar vor dem Cerro de los Almacenes und hinter dem Tolorsagrat vom Paso de la Iglesia aus sichtbar sind. Es ist dieses dasselbe Thal, von dessen Eingang wir, uns rechts wendend, auf die im vorigen Abschnitt, S. 23 erwähnte kleine Plattform (4160 m) stiegen. Diesmal wandten wir uns dem Hintergrunde des Hochthals zu, kamen bald auf Schnee, verfolgten denselben eine sanft ansteigende Mulde aufwärts, betraten die links von ihr gelegenen Schutthügel und gelangten über eine steilere Stufe an den Fuss des Berges, von dem sich ein grosses Feld Penitenteschnee hinabzieht. Hier (4400 m) rasteten wir eine Viertelstunde und gingen dann rechts um eine Felswand (Tafel XXXVIII, 85, 86) eine steile, schmale Schutt- und Schneehalde hinauf, die sich später sehr verbreiternd, weniger geneigt, immer abwechselnd über Schnee, Fels und Grus auf einen Pass führte, den wir um $12^h 40^m$ erreichten. Von diesem Pass (4765 m) waren nach Westen (Tafel XXXIX, 88) die hohen Felsgipfel sichtbar, die wohl an der chilenischen Laguna del Inca liegen, eine Ansicht, die ich schon bei dem Besuch der Plattform erhalten hatte (vergl. Tafel XXII). Nördlich, nicht weit entfernt, standen die senkrechten schwarzen Türme (Tafel XXXVII, 83). Ich nenne den Berg, dem sie angehören, Cerro de las Bodegas, da ich ihn später vom Horconesthal wieder zu erkennen glaubte. Nach dieser Seite war ein weiteres Vordringen ausgeschlossen, und ein Blick auf die südlich gelegenen Felsgrate liess gleichfalls von einem solchen absehen. Der Blick nach Osten fiel in ein gewundenes Thal (Tafel XXXIX, 87) und auf die Höhenzüge eines zweiten, in welches das erstere mündete, und welches ich für das Valle de los Horcones hielt. Wie sich später herausstellte, scheint dieser Pass allerdings den Uebergang vom Bodegasthal in das Horconesthal zu vermitteln. Ich nannte ihn Paso del Desengaño — den Pass der Enttäuschung. Von dem hohen Berge, dem Cerro de los Almacenes, war auf ihm nichts zu entdecken. Trotz Wind und Graupelwetter gelang es, die photographischen Aufnahmen zu machen. Dann eilten wir schnell abwärts und trafen um $4^h 20^m$ wieder im Lager ein.

Am nächsten Tage ging es nochmals hinauf; ich hatte das Goldschmid-Aneroid oben stehen lassen. Diesmal ritten wir nur 35 Minuten aufwärts, brauchten 2 Stunden 40 Minuten bis zum Rastplatz, 1 Stunde die schmale Halde hinauf, 45 Minuten auf den Pass, also fünf Stunden gegen sechs Stunden am Tage vorher. Mein Aneroid stand unversehrt in einer Felsecke und zeigte 425·85 mm bei der Lufttemperatur von — $5^1/_2{}^0$. Nach dem Verlassen des Rastplatzes hatte sich der Himmel rasch bewölkt, und auf dem Pass mussten wir schleunigst Schutz auf der anderen Seite vor dem Sturm und peitschenden Graupelwetter suchen. Die Berge Chiles waren verdeckt, und Neues war oben nicht festzustellen. So machten wir nach 20 Minuten Aufenthalts Kehrt und trafen in 22 Minuten (aufwärts 1 Stunde 45 Minuten) wieder am Rastplatz ein. Unterhalb desselben benutzte ich eine kurze Pause im Graupelwetter, um die Bilder der Tafel XXXVIII aufzunehmen. Hinter der linken Kante der auf der rechten Seite des Bildes 86 stehenden Felswand führte der Weg die schmale Schnee- und Schutthalde hinauf, die zu ersteigen uns damals ziemlich sauer wurde. Der Rückweg vom Pass zum Zelt nahm zwei gute Stunden in Anspruch. Das letztere war in der Ostseite mit einer tiefen Lage Graupelschnee bedeckt. Während des ganzen Nachmittags fegte der Wind mit einer Heftigkeit in das Zelt, dass mir oft für seine Sicherheit bangte. Es widerstand jedoch während der Reise jedem Sturm. Erst gegen Abend legte sich der Wind. Um 9^h stand das südliche Kreuz östlich der Uspallatapässe an einem wolkenlosen Himmel, und der volle Mond stieg über die glitzernden Flächen der östlichen Berge empor. Die Luft war verhältnismässig warm ($+ 1^0$) und wurde ganz ruhig. Im andinen Hochgebirge muss man des Nachts leben, steht in meinem Tagebuch. Doch pflegen die Nächte in der zweiten Hälfte kalt zu werden. Am nächsten Morgen zeigte das Extrem-Thermometer — 7^0.

Ich liess die Tropa im Bodegasthale stehen und ritt mit einem Arriero über den Paso de la Iglesia hinab nach Chile. In Valparaiso, wo ich einige Tage verweilte, wurde der Verschluss des photographischen Apparats wieder hergestellt und der Prismenkompass nachgesehen. Am 19. Januar traf ich wieder bei der Tropa ein und ritt am folgenden Tage nochmals auf den Pass, um die Aussicht zu photographieren. Dann ging ich mit der Tropa wieder ostwärts. In Las Cuevas wurde mir gesagt, es sei ein Telegramm für mich angekommen, und ich dieserhalb an eine Persönlichkeit gewiesen, von der ich später hörte, dass sie seitens der argentinischen Regierung entweder mit der Herstellung der fahrbaren Strasse über die Uspallatapässe betraut sei, oder dieselbe kontraktlich übernommen habe. Der Mann fragte mich, ob ich eine Erlaubnis seitens der argentinischen Regierung für die Reise habe, und sagte mir, dass er von Buenos Aires beauftragt sei, mich danach zu fragen. Die Art und Weise, wie die Anfrage hervorgebracht wurde, und der Umstand, dass der Mann sich in der Landessprache, dem Spanischen, sehr unvollkommen und ungrammatikalisch ausdrückte, eine Legitimation seinerseits mir gegenüber auch nicht stattfand, konnten unmöglich in mir den Gedanken aufkommen lassen, dass ich es mit einer offiziellen Anfrage der argentinischen Regierung in Buenos Aires zu thun habe. Ich erwähnte daher dem Manne gegenüber nur, dass ich an die Argentinische Geographische Gesellschaft (Instituto Geográfico Argentino) in Buenos Aires und, durch Vermittlung derselben bei meiner ersten Anwesenheit in Argentinien, nach Mendoza, und auch an den damaligen Regierungspräsidenten der Provinz Mendoza empfohlen worden sei, und dass man in den Kreisen, in welchen ich am La Plata und am Fusse der Anden bekannt geworden wäre, den Bestrebungen, die ich in jenen Hochthälern verfolge, durchaus sympathisch gegenüberstehe. Diese Mitteilungen und die Nennung auch ihm bekannter Namen schienen auf den Mann nur geringen Eindruck zu machen, und da die Unterhaltung mit demselben sonst nur wenig Interesse bot, brach ich dieselbe ab.

Das für mich eingetroffene Telegramm sollte nach Punta de las Vacas zurückgesandt worden sein. Um schnell in seinen Besitz zu kommen, und da der Proviant erneuert werden musste, ritt ich am wolkenlosen Nachmittag mit einem Arriero in fünf Stunden dahin, während die Tropa an die Lagune im Valle de los Horcones rückte. Es stellte sich heraus, dass kein Telegramm für mich eingetroffen war; die Mitteilung beruhte offenbar auf Erfindung. Ich war eben im Begriff, frisch verproviantiert, am nächsten Morgen Punta de las Vacas zu verlassen, und hatte den Fuss bereits im Bügel, als ein Lieutenant der Artillerie, die dort oben die Polizei ausübt, auf mich zutrat, mich nach dem Namen fragte und mir mein Tagebuch abverlangte. Er entfernte sich mit demselben, um in Gesellschaft eines anderen Herrn, wie mir später gesagt wurde eines Italieners, der die technische Leitung des Strassenbaues besorgte, meine Aufzeichnungen zu prüfen, während zwei Soldaten mit aufgepflanztem Bajonett mich an der Flucht auf dem Maultier hindern sollten. Da das Tagebuch nichts Verdächtiges ergab, erhielt ich dasselbe zurück, und wurde mir seitens des Offiziers gesagt, ich könne meine Reise fortsetzen, dürfe aber keine genauen Pläne anfertigen, wobei er zur Illustration die Zeigefinger 10 cm weit auseinanderhielt. Das konnte ich versprechen, denn es handelte sich nicht um genaue topographische Aufnahmen, sondern um solche in grossen Zügen. Ich schrieb sofort an den Vertreter des Deutschen Reichs und einen befreundeten Argentinier in Mendoza und ersuchte die Herren um ihre Vermittlung, um die Wiederkehr dieser mir unverständlichen Belästigungen zu vermeiden. Gegen Mittag war der Zwischenfall erledigt.

Wir verliessen Punta de las Vacas, trafen in 3 Stunden am Anfang des Valle de los Horcones und in weiteren 30 Minuten beim Lager ein, das wir 5 Minuten unterhalb der Lagune aufgeschlagen fanden (3010 m). Diese Lagune ist der Rest eines grösseren Wasserbeckens, dessen frühere Ausdehnung noch heute sichtbar ist; der Boden des letzteren ist teilweise sumpfig und mit Ausschwitzungen bedeckt. Als ich den Puchero, meine tägliche Mahlzeit, eine kräftige Bouillon mit Rindfleisch, Kartoffeln oder Reis etc., im Zelt einnahm, graupelte es draussen wieder und liess mich, wenn ich durch die zuweilen offene Thür in die umflorte Landschaft hinausblickte und der Wind die Graupelkörner in die Suppe jagte, die Annehmlichkeit des Zeltes umsomehr schätzen. Der Abend war wieder wunderbar und wolkenlos, und ich sass noch lange mit den Leuten beim Glühwein am Feuer, ihre Ansichten über die Ereignisse des Tages hörend.

Am 22. Januar weckte ich vor 5^h und ging um $6^h 40^m$ zu Fuss voran bis oberhalb des Flusses, wo ich die Tropa erwartete. Nach wenigen Minuten kam sie in Sicht, die losen Maultiere spielend und springend voran. Um $7^h 45^m$ gehen wir glücklich über den Fluss, gegenüber einem kleinen Seitenthal, das sich zu einem Berge hinanzieht, den die Einheimischen La Perecala nennen. Letzteres ist die Bezeichnung für einen gestreiften Stoff, und die Aehnlichkeit der vielfarbigen Schichten des Berges mit einem solchen hat ihm den Namen gegeben. Nachdem nachgesehen ist, dass die Lasten (la carga) auf den Tieren gut liegen, geht es am linken Horconesufer, ca. 100 m über dem Flussbett, in dem Reste von Lawinenschnee liegen, auf schmalem Wege, durch trockene Rinnsale, bergauf, bergab, thalaufwärts, bis wir um 9^h am Fusse eines steilen Abhanges stehen, den mit den beladenen Tieren zu ersteigen die Arrieros Bedenken tragen. Mit Juan Oro und Elias reite ich hinauf und bin um $10^{1}/_{4}{}^h$ auf dem höchsten Punkt des linken Steilufers (3485 m. Tafel XL, 90; XXX, 62). Von hier blicken wir gegen das Thal des Rio de las Cuevas, in dem der Cerro de los Penitentes und Once Febrero sichtbar sind, auf den von uns zurückgelegten Weg (Tafel XL, 89). Nach der entgegengesetzten Seite sieht man, dass das Horconesthal sich nordwestlich weiter fortsetzt. Im Hintergrunde desselben, über dem tief eingerissenen Bachbett, das durch den hügeligen Thalkessel führt, erscheint eine steile Pyramide; ich nenne sie el Cerro de los Dedos, Fingerspitze (Tafel XLI, 91). Weiter nördlich ist das Thor des am 7. Februar 1894 aufgefundenen Gletschers sichtbar (Tafel XLII, 93), dahinter el Cerro de los Almacenes, NE La Perecala, W el Cerro de la Tolorsa (Tafel XLIV, 97). Wir reiten gegen das Gletscherthor hinab und schwenken unweit desselben thalabwärts. Allmählich zum Flusse hinabsteigend, überschreiten wir denselben und folgen seinem rechten Ufer bis zur Steilstufe, über die er stürzt. Etwas rechts bergan reitend, kommen wir bald nicht mehr weiter; die Leute steigen zum Flusse hinab, ich stelle fest, dass weiter oben der Hang für die Tiere zu steil ist. Wir machen einen Weg für die letzteren, über den sie hinuntergejagt werden. Am Flusse zögert Oro, Elias nimmt die Initiative; um 12^h sind wir bei der Tropa zurück. Dem Vorschlage Oros, mit der Ladung über den Fluss zu gehen, dieselbe über die schlimmste Stelle hinauf zu tragen und dann die Maultiere wieder zu beladen, stimme ich nicht bei, sondern schlage vor, dass die Tropa im Zickzack den Abhang hinaufgehe und, sich möglichst rechts haltend, gegen das Gletscherthor hinabsteige. Um $12^{1}/_{2}{}^h$ geschieht dies. Vergara reitet voran, die Stute am Lasso führend. Etwas weiter oben sitzt er ab und zieht und reisst sein Reittier, das nicht gut folgt, am Zügel. Das Tier rutscht aus und stürzt, sich mehrmals überschlagend, zum Fluss hinab. Ich glaubte, es sei tot, und war nicht wenig erstaunt, als Elias, der zu ihm hinabstieg, dasselbe, wenn auch nicht mit ganz heiler Haut, wieder hinaufbrachte, und Vergara munter darauf weiter ritt. Ohne weiteren Unfall kamen wir hinauf und ritten rechts von der höchsten Spitze des Steilufers auf dem oben geschilderten Wege zum Fluss, diesen hinab und dann auf sein rechtes Ufer, wo wir hinter einer alten Seitenmoräne, unweit des linken Ufers eines von der Tolorsa kommenden Baches, um $1^{3}/_{4}{}^h$ das Lager aufschlugen (3360 m. Tafel XLIII, 95). Von diesem Lager blickten wir auf das linke Steilufer, das sich von Süden über seinen uns gerade gegenüberliegenden höchsten Punkt gegen das Seitenthal des vorderen Gletschers erstreckt (Tafel XLV, 99, 100; Tafel XLVI, 102). Ueber dem Steilufer erschienen die Wände der Perecala (Tafel

XLVII, 104). Das Graupelwetter begann an diesem Tage um 4^h, erreichte seinen Höhepunkt um 5^h, nahm ab um 6^h. Um $7^3/_4^h$ war wieder das schönste Wetter.

Am nächsten Tage ritt ich um 6^h mit Juan Oro und Elias das tief eingerissene, nur wenig Wasser führende Bachbett gegen den westlichen Thalschluss mit dem Cerro de los Dedos hinauf. Nach einer Stunde mussten wir die Tiere verlassen und gingen zu Fuss eine halbe Stunde weiter aufwärts (3540 m), wo ich erkannte, dass das Horconesthal mit einer sehr breiten, flachen Thalsohle sich jedenfalls noch über den, seinen scheinbaren Hintergrund bildenden, Cerro de los Dedos erstreckte. Für heute gab ich ein weiteres Vordringen nach dieser Seite hin auf und beschloss, oberhalb des rechten Bachufers zurückzugehen, wo ich bald auf Oro stosse, der behufs Rekognoszierung ebenfalls hier hinaufgestiegen war und meinte, dass man vom Lager aus über die Hügelkette oberhalb des rechten Bachufers mit den Maultieren gut fortkommen könne. Die Leute holten die Tiere hinauf, und wir wandten uns gegen die Tolorsa, wo Oro mir bald nach 10^h ein flüchtiges Guanaco zeigte. Zufälligerweise befand sich mein Gewehr auf dem mitgenommenen Packtiere. Es wurde schleunigst zusammengesetzt, und ich unternahm eine erfolglose Pirsche. Als mich das Tier kommen hörte, zog es, einige hundert Meter von mir, wiehernd, langsam die Halde hinauf und äugte von dem die letztere begrenzenden Grat über eine Stunde, regungslos auf einem Flecke stehend, thalabwärts. Das Guanaco, Auchenia Lama, gilt als Stammform des zahmen Lamas. Im Bodegasthal scheint es garnicht vertreten zu sein, im Horconesthal haben wir nur vier vereinzelte Exemplare gesehen; zahlreicher und in Trupps kommt es in den östlicheren Thälern vor. Dass ich auf das sehr schöne und grosse Exemplar nicht zu Schuss kam, war mir später sehr angenehm, als ich hörte, dass die Tiere im Hochsommer Schonzeit haben. Während der Pirsche machte ich die Bekanntschaft eines kleinen, schwarz und gelb gezeichneten Vogels, dessen Gesang sich in Europa hätte hören lassen können. Auch ein Kolibri, picaflor, mit glänzendem Halse und weissem Schwänzchen erschien wie der Blitz auf der Bildfläche, flatterte zwei Sekunden lang neben mir und verschwand dann ebenso schnell. Ich habe dieses letztere, nur käfergrosse Vögelchen im Hochgebirge nur zweimal angetroffen, immer in einer Höhe von über 3400 m. Um 1^h bestiegen wir die Tiere (3580 m) und liessen uns von den keuchenden Vierfüsslern in einer halben Stunde die steilen Schutthügel hinauftragen, von denen man das Kesselthal der auch an ihrer Ostseite schroff abfallenden Tolorsa überblickt (Tafel XLIII, 96). Der Wind ging hier so heftig, dass wir nach einer misslungenen und einer gelungenen photographischen Aufnahme den Apparat schleunigst in Sicherheit brachten und uns wieder in weniger bewegte Regionen, zu unserem früheren Standpunkt zurückflüchteten. Von ihm ritten wir in einer guten halben Stunde hinab zum Lager, die Quellen ($+ 3^1/_2^0$) des bei ihm vorbeifliessenden Baches (Tafel XLVIII, 105, 106) halbwegs berührend. Um 4^h fielen einige Graupelkörner, $6^1/_2^h$ graupelte es etwas stärker, und heftige Windstösse drangen zu unserem geschützten Lager. Um $6^3/_4^h$ zeigte der Himmel geringe, sich bald verlierende Bewölkung.

In der Nacht wurde durch heftigen Sturm der Schlaf sehr beeinträchtigt. Um 7^h ritt ich mit Juan Vergara und Domingo auf das linksseitige Horconesufer und flussaufwärts dem Gletscherthor zu, bis zu der Stelle, wo die Quellen, die den linken Zufluss des aus dem Gletscher strömenden Rio de los Horcones bilden, hinunterkommen. Dort stieg ich mit dem Eispickel den Quellfluss hinauf und auf das linke Gletscherufer. Eingebettet zwischen stark geneigten hohen Moränenwänden, macht der untere Teil des Gletschers den Eindruck, als ob er mit dem übrigen Hauptteil des Stromes nicht mehr direkt zusammenhinge; doch wurde darüber nichts Genaues festgestellt. An seinem linken Ufer war ein Fortkommen mit den Mulas möglich. Ich stieg wieder zu dem Quellfluss, dessen Ursprung eine Anzahl kalter Quellen von $4^1/_2°$ bildet (3560 m), und zu den Leuten hinab und ritt durch eine breite Felsspalte an den Fuss des Gletscherthores (3510 m). Hier wurden eine Anzahl photographischer Platten belichtet, die verschiedene Ansichten des Gletscherendes (Tafel XLIX, 108; Tafel L, 109, 110) und der Umgebung ergaben. Wenige Schritte oberhalb des photographischen Standpunktes wurde der Gletscher in seinem linken Endpunkt (vom Beschauer) mit $283^1/_4°$, in seinem rechten mit $353°$, in der Mitte mit $315^3/_4°$ und der Cerro de los Penitentes im Cuevasthal mit $132^1/_2°$ angepeilt. Das Gletscherthor zeigt eine dunkle Färbung. Scheint die Sonne auf die feuchte Eiswand, so macht sie den Eindruck von oxydiertem Silber. Ich entsinne mich nicht, etwas Aehnliches in den Alpen angetroffen zu haben. In der Mitte der linken Hälfte der Eiswand tritt Penitentebildung auf. Ich stieg noch auf das Gletscherthor hinauf, doch waren bei der inzwischen eingetretenen, ungünstigen Witterung Resultate nicht mehr zu erzielen. Im dichtesten Graupelwetter und vollständig in Nebel gehüllter Landschaft trugen uns die Maultiere gegen 2^h in einer halben Stunde zum Lager zurück, wo ich ganz trocken aus dem Sattel stieg. Das Graupelkorn hat die angenehme Eigenschaft, nur sehr wenig zu nässen. Von ungefähr Erbsengrösse, kantig, mit konvexen Flächen, eine dichtere Masse bildend, springt es meist vom Körper ab; die europäische Schneeflocke ist mir in den Anden nicht zu Gesicht gekommen. Es graupelte an jenem Tage länger wie gewöhnlich; um $8^1/_2{}^h$ trug die Perecala noch einen Hut.

Die Nacht war windstill und kalt. Das Minimum-Thermometer zeigte am Morgen im Innern des Zeltes, in welchem ich dasselbe vorsichtshalber des Windes wegen aufgehängt hatte, — $5^1/_2°$. Ich pflegte gewöhnlich nur in den ersten Nachtstunden zu schlafen; trotz von der Spree mitgenommenen Pelzes, der Schlafsäcke und der sonstigen verschiedenen Häute und Luftschichten, die meinen Körper umgaben, weckte mich meist gegen 2^h früh die Kälte. Dann verbrachte ich noch ein paar Stunden in jener kühlen Lage, den Plan für den kommenden Tag überdenkend. Die Leute unterhielten die Nacht über ein Feuer; dennoch bewunderte ich ihre Abhärtung; sie klagten nie über Kälte.

Um 6^h früh verliess ich mit Juan Oro und den beiden Peonen das Lager und ritt auf dem gestern rekognoszierten Wege das linke Ufer des grossen Horconesgletschers hinauf, bis mich um 8^h die Rücksicht auf die Tiere bewog, abzusteigen (3900 m) und mit Elias und Domingo zu Fuss weiterzugehen. Um $9^h\ 10^m$ machte ich am linken Gletscherufer, vielleicht in der Mitte seiner Längserstreckung, Halt (4040 m), da mir dieser Punkt für die photographische Aufnahme der Landschaft der geeignetste zu sein schien. Dort wurde auch das

Bild 107 (Tafel XLIX) aufgenommen, auf dem im Vordergrund die Brüche des Gletschers und darüber die Firnfelder des Cerro de los Almacenes (linker Firngipfel 298$^1/_2°$, rechter aperer Gipfel 314$^3/_4°$) sichtbar sind.

Der Verlauf des Gletschers lag von diesem Standpunkte aus gerade südlich. Nach dieser Seite hin zeigte der Gletscher eine Oberfläche wie das Meer bei Sturm, wenn verschiedene Wellensysteme sich auf ihm kreuzen. Darüber türmten sich am Horizont die in Chile gelegenen Berge, der Cerro Juncal und Los Leones auf (Tafel LI, 111, 112). Da östlich des linken Gletscherufers der Boden ziemlich eben war, sandte ich Domingo hinunter, um den Arriero mit den Maultieren heraufzuholen. Ich selbst ging mit Elias 1$^1/_2$ Stunde weiter aufwärts, gegen eine vereiste Rinne der linken Thalseite zu (4210 m), wo ich feststellte, dass der Cerro de los Almacenes (linker Gipfel 280°) seinen Grat über eine Einsattlung (243$^1/_2°$) nach Süden vorschiebt und das Thal ebenso abschliesst, wie die Tolorsa dasjenige ihres Gletschers. Hier war das Nährgebiet vollständig zu übersehen. Es besteht aus sechs oder sieben schmalen Firnfeldern, die sich in einem Sammelbecken vereinigen, in dem die einzelnen Arme bis zu ihrem völligen Zusammenfluss von meinem Standpunkte aus noch lange deutlich zu verfolgen sind. Das erste der Firnfelder ist noch oberhalb der Gletscherbrüche auf der rechten Seite des Bildes 107 sichtbar. Ein schöner hangender Gletscher zieht sich rechts von der Einsattlung, parallel den Firnfeldern, herab. Der Thalgletscher selbst ist furchtbar zerrissen. Zahllose, steil abfallende Eiswände treten aus ihm hervor (Tafel LII, 113), oft säulenförmig abgesondert; wohl der Anfang zur Penitentebildung. Letztere ist häufig vertreten, sowohl in grossen, vereinzelt stehenden Eisnadeln, wie in zahlreichen kleineren. Kleine Lagunen sind namentlich am Rande des Gletschers vorhanden. Einer der Gletscherbrüche zeigte eine ziemlich geneigte Oberfläche, übersät mit kleineren und grösseren Eisnadeln; am unteren Rande der Fläche hingen zahlreiche Eiszapfen gegen eine Lagune hinab, die sich zu dem unter der Fläche gelegenen Gewölbe zog (Tafel LII, 114). Vom Standpunkt 4210 m ist gegen Süden ein zwei Gipfel tragender Berg (165°) sichtbar, von dem sich ein Gletscher hinabzieht. Er liegt östlich von den oben erwähnten, hier nicht mehr sichtbaren chilenischen Bergen. Der Horconesgletscher wurde nicht vermessen; nach dem Itinerar muss die Länge des Eisstroms auf über 7 km geschätzt werden.

Um 2^h war der Himmel noch ganz wolkenlos. Wir gingen in 50 Minuten zu dem photographischen Standpunkt 4040 m zurück; erst hier sah ich zwischen Juncal und Leones und um 3$^1/_4$^{h} auch über Almacenes einige leichte Wolken. Der Rückweg wurde am linken Ufer, dicht unterhalb der Hänge der Perecala entlang genommen, später durch ein tief eingerissenes Bachbett steil abwärts. Es ging zuweilen etwas hart; doch stieg ich nur einmal ab. Die hungrigen Maultiere stürmten wie ein Wetter vorwärts, und in zwei kleinen Stunden waren wir bereits im Lager. Auch um 6^h war die Bewölkung eine ganz geringe, um 9^h die Luft ganz ruhig bei + 5°. Endlich ein Tag ohne Graupelwetter und Wind!

Am folgenden Tage beschloss ich zunächst, vom höchsten Punkte des linken Steilufers die Landschaft aufzunehmen. Wir ritten um 6$^1/_4$^{h} über den Fluss und gegen den Gletscher, den Weg hinauf, den wir bei unserem Einzug in das Thal verfolgt hatten. Weiter oben wandten wir uns dann links gegen die Wände der Perecala (Tafel XLVII, 103), von deren Fuss (3520 m) die Tolorsa mit ihrem Südgrat (241$^8/_4$—217$^8/_4{}^0$) und vorliegendem Kesselthal sehr gut zu übersehen war (Tafel XLIV, 98). Dann ritten wir zum höchsten Punkt des linken Steilufers (3485 m) hinüber und belichteten auch hier eine Anzahl Platten auf die herrlich beleuchtete Landschaft, deren hervorragendste Punkte angepeilt wurden. Diese Peilungen sind die folgenden, wobei sich die Objekte im Vertikalfaden der Aufnahmen befanden, deren Nummern in Klammern dabei stehen: Cerro de los Penitentes (89) 131$^1/_4{}^0$, Once Febrero (89) 134$^1/_2{}^0$, Gipfel hinter dem Lager (105) 215^0, Tolorsa, Schnittpunkt der beiden Gipfel (97) 253$^1/_4{}^0$, Cerro de los Dedos (91) 295$^1/_2{}^0$, Gletscherthor (93) 322$^1/_2{}^0$, Cerro de los Almacenes (93) 324$^8/_4{}^0$. Hier seltene Lebewesen, kleine weisse und gelbe Schmetterlinge, umspielten den Kamm.

Wir kehrten dann zum Flussbett zurück und ritten an das Gletscherthor (3510 m), dessen Höhe ich messen wollte. Mit Elias stieg ich hinauf, um das 20 m lange, durch einen Stein beschwerte Gletscherseil hinabzulassen, während Vergara den Vorgang beobachtete. Als das Seil abgelaufen war, kam von unten der Ruf »no alcanza«, es reicht nicht, und so stieg Elias hinab und holte den Lasso, den wir mit dem Seil verbanden und mit ihm den Grund erreichten. Ich stieg hinab, um zu sehen, ob das Seil sich nirgends verfangen habe, und fand es an der fast senkrechten Eiswand knapp anliegend und den heruntergelassenen Stein gerade einen unmittelbar am Ausfluss, aus dem Wasser kaum hervorragenden flachen Stein berührend. So waren die Punkte oben und unten gut getroffen; ihre Entfernung, die Leinen mit dem Messband gemessen, ergab 25,5 m für die Höhe des Gletscherendes. Trotzdem mit dieser Manipulation eigentlich die Hypotenuse eines sehr schmalen, rechtwinkeligen Dreiecks gemessen wurde, dürfte die Mächtigkeit der Eiswand wenig unter der angegebenen Zahl liegen. An der Stelle, wo oben das Seil hinuntergelassen wurde, über der Mitte des Gletscherthors, ungefähr einen Meter vom Gletscherrande, stellte ich das Stativ auf und nahm die folgenden Peilungen vor: La Perecala 51$^8/_4{}^0$, Cerro de los Penitentes im Valle de las Cuevas 132$^1/_8{}^0$, höchster Punkt des linken Horconesufers 141^0, der die höchsten Gipfel der Tolorsa verdeckende Vorberg derselben 230^0. Diese Marken und der Schnittpunkt vorstehender Peilungen werden immer wieder aufzufinden und ein Schwinden oder Wachsen des Gletschers dadurch festzustellen sein. Heute konnte ich auch beobachten, dass der Gletscher etwas weiter oben einen Bogen beschreibt, und unter dem Rande des letzteren, dem linken Gletscherufer, der Fluss als Sehne dieses Bogens dem Auge eine Strecke lang frei zu Tage herausfliesst. Um 3^h war der Himmel ganz bezogen; doch graupelte es nur in geringem Maasse.

In der Nacht fiel das Thermometer im Zelt auf — 3^0, der Morgen war windstill und wolkenlos. Um 5$^1/_2{}^h$ verliessen wir das Lager und wandten uns über die Hügelketten der rechten Seite dem hinteren Horconesthal zu. Bald nach 6^h erreichten wir seine breite, vegetationslose Thalsohle und trafen hinter seinem ersten rechten Seitenthal auf ein weidendes Guanaco, das zuerst geneigt schien, uns näherkommen zu lassen, bald aber die noch hier und da an den

Hängen spärlich auftretende Weide verliess und thalwärts floh. Immer der Thalsohle folgend, gelangten wir an den Fuss zweier schöner Felsruinen der rechten Thalseite, zuerst des Cerro Moreno, dann des Cerro de los Dedos (Tafel LIII, 115, 116). Letzteren erreichten wir um 8^h und sahen, dass das Thal sich nördlich umwendet und verengt. Ein mächtiger Felsriegel schiebt sich wie ein Lavastrom hier vor und drängt den Fluss an die rechte Thalseite (Tafel LIV, 117, 118). Im Hintergrunde erscheint ein hoher Berg, ein Horn — ich nenne es el Cuerno de los Horcones, Gabelhorn —, mit seiner aperen schneefreieren Seite abfallend gegen ein mächtiges Firnfeld, das, durchzogen vom Bergschrund und in steiler Eiswand abbrechend, fast den ganzen Hintergrund ausfüllt. Nach der östlichen Seite fällt das Horn weniger steil ab; vor ihm zieht das grosse Firnfeld anscheinend zu Thal. Westlich von dem Firnfeld, mehr im Vordergrunde, steht ein niedrigerer Berg mit einer Firnkuppe, an einen Krater erinnernd, in den das Firnfeld der Kuppe hinabzieht; nennen wir sie La Catedral — den Dom. Wir ritten die rechte Thalseite hinauf, bis die Steilheit der Ufer uns nötigte, den Fluss selbst als Strasse zu benutzen. In einer Schlucht (3840 m) verliessen wir um $8^{1/2 h}$ die keuchenden Tiere; die Leute nahmen die Rucksäcke auf, und um $8^{3/4 h}$ stiegen wir das linke Ufer hinauf. Der Boden des Thales erwies sich als sehr wellig und zerrissen und mit grossen und kleinen Trümmern bedeckt. Wir hielten uns, hügelauf, hügelab, immer in der Nähe des Flusses, später ganz allmählich gegen den Thalschluss ansteigend, dessen Firngebiet hinter einer höheren Stufe verschwindet. Am Fusse der letzteren (4090 m) rasten wir 40 Minuten. Links von uns bricht der Fluss in enger Schlucht durch die Stufe; wir stiegen rechts ihren steilen Hang hinauf und gingen oben kurze Zeit etwas weiter. Bald entwickelt sich die ganze Ansicht auf den schönen Bergkranz, und um 11^h 50^m mache ich an einem Punkt (4320 m), der mir für die photographische Aufnahme der Landschaft ungemein geeignet schien, Halt. Auch jagende Wolken liessen ein längeres Zögern nicht ratsam erscheinen, und so wurde hier schleunigst der Apparat aufgestellt.

Den Hintergrund des Valle de los Horcones schliesst el Cuerno de los Horcones ($333^{3/4 0}$) und ein ausgedehntes Firngebiet ab. Der Gipfel fällt östlich mit mässig geneigtem Grat zu einem Firnsattel ab. Jenseits desselben zieht der Grat wieder allmählich zu einer hohen, steil abfallenden Felswand hinan. Letztere ist nur teilweise sichtbar, es verdecken sie die Halden, die sich von der Nordseite des Cerro de los Almacenes hinabziehen. An den westlichen Abstürzen des letzteren liegt unser Standpunkt, von dem wir gegen Osten zunächst eine Runse hinaufblicken, die hier und da mit zierlichen kleinen Feldern von Penitenteschnee bekleidet ist und von einem steilen, zerrissenen Grat herabstreicht (Tafel LV, 120). Hinter dem letzteren erscheinen die bank- und säulenförmig abgesonderten Wände des Cerro de los Almacenes (82^0) und über diesen Wänden die zahlreichen Kuppen, Türme und Nadeln seiner höchsten Erhebungen in einer Steilheit und Höhe, dass wir den Kopf fast in eine horizontale Lage bringen müssen, um zu ihnen hinaufsehen zu können. Die obersten Teile des Cuerno de los Horcones erscheinen fast schneefrei; das Firngebiet unterhalb desselben ist zerrissen, zeigt grosse Brüche und an geneigteren Stellen tiefe Schründe (Tafel LVI, 121—127). Ihm ist eine niedrige, vergletscherte Kuppe vorgelagert. Um diese herum und über eine Felsstufe senkt sich der Firn zu Thal und speist einen Gletscher, an dessen linkem Ufer, unserem Standpunkt gegenüber, das Eis in einer hohen Wand zu Tage tritt, über dessen weiteren Verlauf aber nichts wahrzunehmen ist. Westlich vom Cuerno begrenzt das Firnfeld in langer Linie den Horizont, bis sein weiterer Verlauf durch einen vorspringenden Sporn des Domes (catedral) verdeckt wird. Nördlich dieses Sporns bildet das Firnfeld in einer tiefen Mulde ebenfalls ein hervorragendes Nährgebiet für den zu Thal gehenden Gletscher. Der Dom zeigt drei Gipfel. Sein kleiner, im unteren Teil aperer Gletscher senkt sich in ein Kesselthal hinab, dessen steile, mit kleineren Firnfeldern bekleidete westliche Wand ihn mit einem anderen Berge (249^0) verbindet. Zwischen diesem und dem Cerro de los Dedos scheidet ein doppelgipfeliger Kamm ($216^3/_4{}^0$) zwei kleine rechtsseitige Hochthäler. Im Süden begrenzen der Cerro de los Dedos ($202^0 — 193^1/_4{}^0$), eine runde Kuppe ($175^1/_2{}^0$) und ein den Halden des Cerro de los Almacenes aufgesetzter, bizarrer Felszahn die Aussicht. Um $1^h\ 40^m$ verliessen wir, nachdem Luftdruck und Temperatur nochmals gemessen waren, diesen herrlichen Standpunkt und nahmen den Abstieg gegen die Schlucht zu, durch die der Fluss bricht. Hier ging es schnell in weichem Grus zur unteren Thalstufe hinab, auf der wir hinaus zu unseren Mulas eilten, die wir $3^h\ 20^m$ erreichten. Wir beobachten, packen, stärken uns in 20 Minuten und sitzen dann auf. Der Himmel hatte sich am Nachmittag ganz bewölkt, doch fielen nur wenige Graupelkörner. Dagegen überfiel uns auf der breiten Thalsohle ein fast orkanartiger Sturm, der uns derartig durchkältete, dass das Stillsitzen auf dem Maultierrücken peinlich wurde. Der Fluss, der den Abfluss des hinteren Horconesgletschers bildet und eine nicht unbedeutende, trübe Wassermasse führt, teilt sich auf der breiten Thalsohle in kleinere Arme und verschwindet. Der Rio de los Horcones, der sich oberhalb der Incabäder, im magnetischen Azimut von 213^0 von denselben (Tafel XXV), mit dem Rio de las Cuevas vereinigt, entspringt aus dem Thor des grossen vorderen Horconesgletschers. In der näheren Umgebung des letzteren bilden kalte Quellen seine einzigen spärlichen Zuflüsse. Um 6^h stieg ich im Lager aus dem Sattel. Bis auf das Mark vom Winde durchgerüttelt, trank ich ein Fläschchen guten französischen Cognacs auf einen Zug leer; es enthielt $^1/_{16}$ Liter. Sonst habe ich während meines Aufenthalts in den Anden wenig Neigung für den Genuss von Spirituosen empfunden, und auch die Leute, denen täglich eine Ration in Mendoza erzeugten, ganz leidlichen Cognacs zur Verfügung stand, schienen diesen zu sparen, um ihn später mit hinunterzunehmen. Auch der Wein, den wir in kleinen Fässern mit uns führten, wurde fast nur bei den Besteigungen genommen. Sein Verbrauch war ein so geringer, dass ich, um ihn nicht vergebens mitzuschleppen, an kühlen Abenden die Leute zu Schwelgereien in Glühwein veranlasste. Bei Bergbesteigungen aber ist die Mitnahme von Wein durchaus ratsam. Ein Whisky mit Wasser hat sich abends, nach angestrengter körperlicher und geistiger Tagesarbeit, stets als ein angenehm anregendes Mittel bewährt. Um 9^h war der Himmel wieder klar. In der Nacht fiel die Temperatur im Zelt auf -4^0.

Am 28. Januar verbrachte ich den Vormittag im Lager. Es war ein wunderbarer Tag; auch der Cerro de los Almacenes, welcher tags zuvor fast immer eine

Wolkenkappe trug, war frei. Um 12³/₄ʰ zeigte das Thermometer + 16³/₄° im Schatten. Ich hatte mich entschlossen, nochmals möglichst weit in horizontaler und vertikaler Richtung gegen den Hintergrund des Valle de los Horcones vorzugehen, um einen Ausblick nach Norden, Westen oder Osten zu gewinnen. Zu diesem Zwecke sollte am Ende der breiten Thalsohle genächtigt werden. Um 1ʰ 35ᵐ verliessen wir das Lager, unter Mitnahme des Zeltes und der nötigen Ausrüstung, und ritten in 2¹/₂ Stunden bis an den Fuss des Cerro de los Dedos und über den Fluss auf sein linkes Ufer. Unweit seines Austritts, an einer zum Cerro de los Almacenes gehörigen kleinen Felsmauer, die an der linken Ecke des einem Lavastrom ähnlichen Riegels lag (Tafel LIV), wurde das Zelt aufgeschlagen (3810 m). Der Arriero ging mit den Maultieren, die hier keine Nahrung fanden, zurück, um uns am nächsten Nachmittag abzuholen. Die Lage unseres Biwakplatzes war sehr hübsch (Tafel XLVI, 101). Im Hintergrunde waren die oberen Teile des Cuerno de los Horcones (340°) sichtbar, eingerahmt von beiden Thalseiten. In entgegengesetzter Richtung blickten wir die breite Thalsohle abwärts (Tafel XLI, 92), östlich gegen die steilen Wände des Cerro de los Almacenes und westlich auf diejenigen des Cerro de los Dedos. Die Firnflächen, welche hinter diesem Gipfel auf der linken Seite des Bildes 115 sichtbar sind, gehören vermutlich zu dem Nährgebiet des Gletschers, aus dem der Rio de las Bodegas strömt.

Bald nach 1ʰ morgens standen wir auf. Das Thermometer zeigte — 1°. Um 2ʰ 40ᵐ wurde die Laterne angezündet, und wir gehen das linke Flussufer aufwärts. Leider gelingt es nicht, bei der Dunkelheit die Stelle zu fassen, wo man vom Steilufer an das Flussbett hinabsteigen muss. Wir steigen zu hoch und versteigen uns ganz gründlich. Tief eingerissene Schluchten verzögern den Marsch in seinem Anfang derartig, dass wir beinahe vier Stunden gebrauchen, um in die Nähe der Stelle zu gelangen, die wir vorgestern bei Tageslicht in 2¹/₂ Stunden erreichten. Erst um 6ʰ 30ᵐ treffen wir dort ein (4300 m) und rasten 20 Minuten. Dann steigen wir weiter gegen den Firnsattel des Cuerno zu, häufig über Schnee, über steile Halden, auf nicht immer leicht zu findendem Wege, zuweilen zur Umkehr genötigt, bis wir um 9ʰ 15ᵐ auf dem mit Trümmern bedeckten linken Ufer des Thalgletschers Halt machen (4625 m). An eine Erreichung des Firnsattels war bei der vorgerückten Tageszeit und der Schwierigkeit des Weges nicht mehr zu denken. Nordöstlich von unserem Standpunkt hatten wir auf dem Wege eine Einsattlung wahrgenommen, die leichter, vielleicht in einer Stunde, erreichbar schien, und wir beschlossen, uns dieser zuzuwenden. Mit Rücksicht auf einen möglichen Witterungsumschlag wurde die Landschaft zunächst photographiert. El Cuerno de los Horcones (317³/₄°) mit seiner näheren Umgebung erschien von hier fast ebenso wie von unserem gestrigen Standpunkt, nur dass wir unmittelbar an seinem Fusse standen und die Schründe und Brüche sowie den oberen Teil der Gletscherzunge überblickten (Tafel LVII, 128—130). Die dem Berge vorgelagerte, vergletscherte Kuppe schiebt eine senkrecht abfallende Wand gegen ihn vor, die fast den ganzen Horizont zwischen dem Cuerno und der Catedral verdeckt. Die drei Gipfel der letzteren (mittlerer Gipfel 244¹/₄°) liegen in einer Flucht vor uns, die beiden westlicheren ein gegen uns offenes

Kesselthal einschliessend (Tafel LVIII, 132). Vor ihnen zieht der apere Teil des Gletschers zu Thal. Aber auch der schuttbedeckte, auf dem Bilde 132 sichtbare Vordergrund ist Gletschereis. Ebenso verhält es sich mit dem Vordergrunde des Bildes 131 (Tafel LVIII), an dessen rechter Seite das Eis in einer Wand abbricht. Hinter dieser erscheinen zierliche Bildungen von Penitenteeis. Links von der die Ansicht gegen Süden abschliessenden runden Kuppe ist die höchste Erhebung des Cerro Juncal ($169^{3}/_{4}°$), rechts diejenige der Leones ($176^{3}/_{4}°$) sichtbar. Der Cerro de los Almacenes zeigt drei fast schneefreie Gipfel als höchste Erhebungen (rechter $110°$, linker $98°$, Tafel LV, 119) von dieser Seite. Eine mässig geneigte Hochebene zieht sich von diesen zu dem Pass, dem wir uns zuwenden wollen.

Um $11^h 30^m$ breche ich mit Domingo auf. Wir steigen vom Gletscherufer hinab und durch ein Schneefeld mit fast mannshohen Penitentenadeln, die oft bei der geringsten Berührung umfallen, um einen Felskopf, über brüchiges Gestein steil und mühsam hinan. Oberhalb des Felskopfes betreten wir eine breite Halde, durchzogen von schmalen Schneeleisten, an deren Kanten der Fuss am meisten Halt auf dem abschüssigen Boden findet. Auf ein scheinbares Ende der Halde folgt ein anderes, und so zieht sich der beschwerliche Pfad aufwärts — stundenlang. Nach dreistündigem Marsch macht sich die Sorge für den Rückweg geltend. Vor mir erscheinen oben Felsen, und ich beschliesse, zu ihnen noch hinaufzusteigen und umzukehren, auch falls kein Ausblick dort zu erhalten ist. Um $3^h 15^m$ bin ich oben (5400 m) am Rande der Hochebene, die sich rechts von mir zu den drei Gipfeln des Cerro de los Almacenes hinanzieht. Vor mir liegt ein Schneefeld, in dessen Hintergrund sich einige Gruppen von Felszacken vom Almacenes zu einem niedrigen Felskopf links von mir hinüberziehen. Ich raste und mustere die Landschaft. Im Süden sind die chilenischen Berge jetzt gänzlich sichtbar (Cerro Juncal $175^{1}/_{2}°$, Los Leones $179°$), auch der hohe Felsberg, welcher in der Nähe der Laguna del Inca liegen dürfte, des kleinen Gebirgssees, den man auf dem Wege von den Uspallatapässen nach Chile erblickt. Die drei Gipfel des Cerro de los Almacenes erscheinen so nahe, dass man glaubt, sie in einer Stunde erreichen zu können. Die Einwirkung des verdünnten Luftdrucks machte sich etwas fühlbar. Als ich aufstand, um mich der vergeblichen Mühe zu unterziehen, ein Handstück des anstehenden Gesteins zu schlagen, schienen mir die Gehwerkzeuge an Spannkraft verloren zu haben. Ich kann nicht sagen, dass ich ermüdet war; das Gefühl war ein noch nie empfundenes, ganz neues für mich, als ob eine unsichtbare Macht in der Luft, bei jedem Schritt vorwärts, langsam zurückgedrängt werden müsste. Der Wunsch wurde rege, an dieser Stelle verweilen und nächtigen zu können, den Organismus an die fremdartige Erscheinung zu gewöhnen und am nächsten Tage weiter zu wandern.

Für heute musste ich mich zum Rückzuge entschliessen. Vielleicht wäre in einer Stunde weiteren Vordringens weitgehender Aufschluss zu erhalten gewesen. Es war aber unbedingt notwendig, längs des Flusses zum Zelt zurückzukehren und die Brüche, in die wir in der Nacht geraten waren, zu vermeiden; und das musste noch bei Tageslicht, wenigstens in der Dämmerung geschehen. So wandte ich mich um $3^{3}/_{4}^{h}$ thalwärts und stiess bald auf Don Domingo, der seine eigenen, ihm besser dünkenden Wege gewandelt war und sein Bedauern über die Umkehr äusserte. Um 5^h trafen wir wieder beim photographischen Standpunkt ein (4625 m), den Elias inzwischen bewacht hatte. Schleunigst wurde aufgepackt und weitergewandert. Noch in der Dämmerung überwanden wir die misslichsten Stellen, uns dicht an und oberhalb des linken Ufers haltend, zuweilen auf die Gefahr hin, mit dem Geröll in den Fluss hinabzurutschen. Vorsichtig mit dem Eispickel suchend, trafen wir schliesslich um $8^h 35^m$ beim Zelt ein.

Der Vormittag des nächsten Tages wurde hauptsächlich mit photographischen Aufnahmen der Umgebung unseres Biwakplatzes verbracht. Gegen Mittag erschien der Arriero, der uns gestern vergeblich an dieser Stelle erwartet hatte, und um $1^h 45^m$ verliessen wir die rote Mauer, unter Mitnahme einer Gesteinsprobe. Nach dieser Probe, anscheinend ein Quarzporphyr, und nach der Farbe des Cerro de los Almacenes zu urteilen, besteht der letztere in seinem unteren Teil aus diesem Material. Am höchsten westlich des Berges erreichten Punkt steht ein Augit oder Hornblende führendes Gestein an. Nach Stelzner durchbricht in jenen Gegenden ein Hornblendeandesit häufig den Quarzporphyr. Der Tag war wunderbar, wie der gestrige fast unbewölkt, und man konnte sich kaum vorstellen, dass es hier wochenlang jeden Nachmittag graupeln könne. Um $4^h 5^m$ befanden wir uns (3545 m) gerade gegenüber dem Thal des vorderen Gletschers (17º), wo zwei photographische Platten belichtet wurden (Tafel XLII, 94). Wer von diesem Standpunkt in das Seitenthal blickt, wird schwerlich auf den Gedanken kommen, dass dort ein Gletscherstrom die Thalsohle bildet. Das Auf- und Abpacken, Photographieren und Peilen nahm 30 Minuten in Anspruch. Um $4^h 55^m$ trafen wir im Lager ein.

Ich war nicht wenig erstaunt, am nächsten Morgen die Landschaft in Wolken gehüllt zu finden. Bis zum Gletscherthor reichten dieselben hinab. Es hatte gegraupelt, doch waren die Hänge nur in ihren oberen Teilen beschneit. Dabei waren die Aneroide in der Nacht um 4 mm gestiegen. Im Valle de los Horcones war noch viel aufzuklären, und eine Verlängerung des Aufenthaltes wäre Menschen und Tieren gewiss sehr sympathisch gewesen. Die letzteren fanden auf den Hügeln oberhalb unseres Lagerplatzes die vorzüglichsten Weidegründe und wurden dick und fett, die Stute so rund wie ein Fass. Da die Arrieros aber der Ansicht waren, dass wir jetzt den Rio de las Vacas mit den beladenen Tieren überschreiten könnten, hielt ich es für ratsam, zunächst das Thal jenes Flusses hinaufzugehen. Zu diesem Zwecke bereiteten die Leute alles für den Aufbruch und den weiteren Marsch vor. Der Hufbeschlag der Tiere wurde nachgesehen und, wo es nötig war, erneuert. Ich nahm mit Unterstützung Domingos die nähere Umgebung des Lagerplatzes auf und entwickelte auch zwei photographische Platten im Zelt, um zu sehen, ob der Apparat noch intakt sei. Dabei stellte sich heraus, dass das Objektivbrett und eine Kassette Sprünge erhalten hatten, Uebelstände, die auf den früheren Aufnahmen aber nicht zur Geltung kamen, da der Apparat der Vorsicht halber stets in ein grösseres, durchaus lichtdichtes Tuch eingehüllt worden war. Der Himmel war während des ganzen Tages bewölkt, und namentlich im Norden sah es böse aus. Um 8^h abends fing es plötzlich an aufzuklären, und um 9^h war der Himmel wolkenlos.

In der Nacht fiel das Extrem-Thermometer im Freien nicht unter Null Grad. Bei prachtvollem Wetter nahmen wir Abschied und ritten um $7^h\ 40^m$ vom Lagerplatz ab. Um $8^h\ 50^m$ lag der steile, ca. 80 m hohe Abhang hinter uns; um $9^h\ 40^m$ durchritten wir den Fluss, sahen $10^h\ 5^m$ an der Lagune einen grösseren, entenartigen Vogel und trafen $11^h\ 5^m$ bei den Baños del Inca ein. Nach kurzem Aufenthalt bei den Bädern befanden wir uns $12^h\ 5^m$ gegenüber dem Cerro de los Penitentes (177^0, vergl. Tafel XXX). Dann ritt ich der Tropa voraus nach Punta de las Vacas.

Kurz vor dem kleinen Gasthof und der Eisenbahnstation Punta de las Vacas lag eine längliche Steinbaracke, die der argentinischen Truppe, welche auf der Strasse nach Chile die Polizei ausübt, als Station diente. In der Nähe dieses Gebäudes wurde ich von einem berittenen Offizier nach dem Namen gefragt, und ob ich der Herr sei, der hier oben die Gegend erforsche. Ich bejahte dies, worauf der Offizier neben mir gegen Punta de las Vacas ritt, sich mit mir unterhaltend und mich auch fragend, ob ich nicht Herrn General Körner in Santiago kenne, was ich verneinen musste. Gegenüber dem Polizeigebäude ersuchte mich derselbe, ein Hauptmann der Artillerie, abzusteigen und einzutreten, welcher Aufforderung ich entsprach. Ein Soldat nahm mein Maultier in Empfang und sattelte es ab, und als ich letzteres als unnötig bezeichnete, erklärte mir der Offizier, dass ich mich als seinen Gefangenen zu betrachten habe. Meinem Wunsche, nach dem Gasthause hinuntergehen zu dürfen, welches ich nicht eher verlassen zu wollen erklärte, bis Licht über die Gründe der Verhaftung verbreitet sei und mir dies gestattet würde, konnte derselbe dem erhaltenen militärischen Befehl (el orden militar) gemäss nicht entsprechen. Er teilte mir mit, dass er meine Verhaftung telegraphisch nach Mendoza melden und mir innerhalb drei Stunden den erhaltenen Bescheid überbringen würde. Ein Raum in der Steinbaracke (vergl. Tafel XXXI), aus dem ich bei geöffneter Thür Aussicht auf den Tupungato hatte, und in dem sich eine eiserne Bettstelle befand, wurde mir zur Verfügung gestellt. Nach zwei Stunden ritt der Offizier fort, ohne mir den erhaltenen Bescheid mitgeteilt zu haben; wie ich später hörte, hatte er die Weisung erhalten, nicht mehr mit mir in Verkehr zu treten. Nach 7^h, ich war um 3^h verhaftet worden, teilte mir den Cabo, dem Unteroffizier der Station mit, dass ich jetzt nach dem Gasthause gehen würde, worauf ich die Antwort erhielt, dass er den Befehl habe, mich festzuhalten und sich meinem Fortgehen mit Gewalt widersetzen würde.

So musste ich mich in das Unvermeidliche fügen. Dass irgend ein Argwohn seitens der argentinischen Regierung gegen die Bestrebungen, die ich in jenen Hochthälern verfolgte, gefasst sein musste, war nach der ersten offiziellen Durchsicht meiner Tagebücher zweifellos, aber der eigentliche Grund meiner Verhaftung war mir rätselhaft. Als anständiges Mitglied eines geordneten Staatswesens war ich der Ansicht, diese Freiheitsberaubung nicht so ruhig hinnehmen zu dürfen, sondern eine Erklärung seitens der maassgebenden Kreise über die Veranlassung ihres Vorgehens herbeiführen zu müssen. Auf das unangenehmste durch dieses Vorgehen berührt, teilte ich meinen Leuten mit, dass die Reise infolge der Verhaftung ihr Ende erreicht habe und sie mit den Tieren nach Mendoza zurückzukehren hätten. Am Abend zeigte mir der Cabo ein soeben erhaltenes Telegramm, worin ihm von der Polizei in Mendoza grosse Wachsamkeit, mucha vigilancia, empfohlen wurde! In einem acht Tage alten Telegramm, welches mir meine Leute von der Post heraufbrachten, wurde mir in Beantwortung meines früheren Briefes über die Durchsicht meiner Tagebücher mitgeteilt, dass der Kommandant Befehl gegeben habe, ich solle nicht weiter belästigt werden. Diese Mitteilung wurde mir seitens meines argentinischen Freundes, Herrn Dr. José A. Salas, gemacht, dem ich für sein thatkräftiges Eingreifen in dieser unerquicklichen Angelegenheit auch an dieser Stelle meinen aufrichtigsten Dank aussprechen möchte. Briefe waren sonderbarerweise nicht eingetroffen.

Ich telegraphierte noch an demselben Abend an meine Freunde in Mendoza und erhielt am folgenden Tage die Nachricht, dass ich mit dem nächsten Zuge hinunterkommen müsse, um der Regierung, unter Vorlage meiner Aufzeichnungen, die nötige Aufklärung zu geben, und dass ich seitens der Polizei rücksichtsvoll behandelt werden würde. So ging ich denn unter Bedeckung zunächst zur Post, um mich persönlich nach Briefen zu erkundigen. Doch waren keine eingetroffen. Während der Einnahme meiner Mahlzeit im Gasthaus erfuhr ich, dass allerdings Briefe für mich dort abgegeben, von dem betreffenden Beamten aber wieder zurückgefordert seien. Letzterer gab mir auf nochmalige Anfrage die Briefe denn auch heraus; er hatte den Befehl empfangen, sie zurückzuhalten, inzwischen, wohl auf telegraphische Anfrage, aber Gegenbefehl bekommen. Es befand sich darunter ein Brief des Vertreters des Deutschen Reichs in Mendoza, welcher den Konsulatsstempel auf dem Umschlag trug. Am nächsten Tage photographierte ich die Aussicht auf den Tupungato, zum Andenken auch das Gefängnis, verkaufte den Proviant und siedelte nachmittags nach dem Gasthause über. Meine Wächter erblickten in mir einen hombre de confianza, eine Vertrauensperson, und glaubten, mir diese Annehmlichkeit nicht vorenthalten zu dürfen.

Da die Züge nur dreimal in der Woche von Punta de las Vacas abgingen, so konnte ich erst am 4. Februar hinunterfahren. Am Vormittage dieses Tages kamen die Reisenden von Chile an, die in Las Cuevas genächtigt hatten, darunter auch ein deutscher Herr, der mich fragte, als er meinen Namen hörte, ob ich der Spion sei, den die Argentinier suchten, und über den die Zeitungen Chiles berichteten. Er zeigte mir ein Blatt, »La Lei« aus Santiago vom 2. Februar, in der unter der Ueberschrift »Siempre en la herradura« zunächst die Kriegsbefürchtungen und Anmaassungen eines argentinischen Blattes Chile gegenüber gegeisselt werden, und dann zu meinem Erstaunen unter Nennung meines Vor- und Zunamens eine Depesche vom 28. Januar aus Mendoza abgedruckt wird, wonach die von mir ausgeführten Aufnahmen in den Anden zur Anfertigung von militärischen Plänen (planos militares estratéjicos) dienten, sofort fertiggestellt und nach Chile hinübergesandt wurden. Eine so einfältige Idee musste trotz der schädlichen Wirkung, die sie ausgeübt hatte, Heiterkeit erregen, und auf der Eisenbahnfahrt, die ich das Vergnügen hatte in Gesellschaft zweier deutscher Herren zurückzulegen, wurde häufig darüber gelacht. Wie mir einer der Herren mitteilte, hatte der »siempre en la herradura« befindliche Geist in Mendoza auch noch anderweitig gespukt. Und in der That findet sich in der in Buenos Aires erscheinenden Zeitung »La Nacion« vom 1. Februar 1895 eine Depesche, worin dieselbe mitteilt, dass ich unter Zurücklassung meines Gepäcks nach Chile geflohen und Spion der chilenischen Regierung sei, welcher Karten der Uspallatapässe angefertigt habe, dass diese Thatsache maassgebenden Kreisen in Buenos Aires mitgeteilt wurde, der Befehl zu meiner Verhaftung aus unaufgeklärten Gründen verspätet eintraf und ich Zeit zur Flucht fand. Dazu bemerkt die Redaktion der »Nacion« unter Varias: sie bringe die Depesche ihres Korrespondenten in Mendoza zum Abdruck, trotzdem sie sicher wüsste, dass ich nicht Spion, sondern verrückt sei; ich hätte im vorigen Jahr den Aconcagua und in diesem Jahr den Tupungato besteigen wollen. Dasselbe angesehene Blatt brachte später, am 6. Februar, unter »Espias Imaginarios«, abgesehen von einer zu gut gemeinten Lobrede auf meine Person, einen sehr vernünftigen Artikel, in dem namentlich die Nachäffungssucht der Argentinier gegeisselt wird: »Frankreich, Italien, Deutschland hätten ihre Spione; in den Augen des Argentiniers könne der Besitz eines solchen das Ansehen der Republik nur erhöhen. Aber die Grossmächte Europas besässen an ihren Grenzen ausgedehnte Befestigungswerke, deren Kenntnis den Nachbar interessieren könne. Kein militärisches Geheimnis, kein Fort, keine Schanze wäre an der endlosen argentinischen Grenze zu entdecken. An diese Thatsache hätten militärische Kreise in Buenos Aires wohl nicht gedacht!«

Mit Verspätung traf der Zug gegen 9ʰ in Mendoza ein, wo ich vom Polizeikommissar, dem Vertreter des Deutschen Reichs und einigen Freunden der deutschen Kolonie Mendozas nach dem Regierungsgebäude geleitet wurde. Dort empfing mich der Regierungspräsident der Provinz Mendoza auf das freundlichste, im Beisein einiger Minister und einer ganzen Anzahl anderer Herren, wohl namentlich Zeitungskorrespondenten. Ich legte dem Herrn Präsidenten meine Aufzeichnungen vor und erläuterte ihm auf einer Karte den Schauplatz meiner Thätigkeit. Der Herr ersuchte mich, ihm meine Tagebücher für ein paar Tage zur Durchsicht zu überlassen, und teilte mir mit, dass für derartige Aufnahmen eine Erlaubnis seitens der Regierung zu erwirken sei. Dann schieden wir voneinander, und ich war frei.

Nach dem darauf folgenden Kalbsbraten, der mir seitens eines liebenswürdigen Mitgliedes der deutschen Kolonie in seinem Hause vorgesetzt wurde, empfing ich den Besuch des Direktors der ersten Zeitung von Mendoza »El Debate«, der nach allen Regeln der Kunst ein Interview vornahm. Der sehr ausführliche Bericht über meine Person und die Verhältnisse, unter denen ich mich in den Andenthälern bewegt hatte, wurde noch in der Nacht nach Buenos Aires telegraphiert und erschien am nächsten Morgen in der genannten Zeitung Mendozas und in »La Prensa« von Buenos Aires. Er wurde in fast allen Zeitungen Argentiniens und Chiles abgedruckt, und welche Verbreitung damals dieser Vorfall gefunden hatte, mag der folgende Umstand kennzeichnen. Als ich einen Monat später nach Valparaiso kam und abends auf der Eisenbahnstation um Herausgabe meines Koffers ersuchte, wurde mir dies abgeschlagen, da es dazu schon zu spät sei. Als der betreffende Beamte meinen Namen hörte, stutzte er und fragte mich, ob ich der von den

Argentiniern verhaftete Herr sei, und da ich dies bejahte, händigte er mir, als Zeichen seiner Sympathie, den Koffer sofort aus.

Soweit mir bekannt wurde, war die ganze leichtfertige Beschuldigung im Kopfe des Menschen entsprungen, der mich seinerzeit in Las Cuevas nach der Erlaubnis seitens der Regierung gefragt hatte. Er sollte eine formelle Anklageschrift, in der es unter anderen Unwahrheiten hiess, dass ich so und so viele Male nach Santiago, der Hauptstadt Chiles, gereist und dort im Verkehr mit hochgestellten Offizieren des Generalstabes gesehen worden wäre, an die Regierung von Mendoza eingesandt haben. Nachdem der Anwalt der »Nacion« in Mendoza die Angelegenheit in die Presse gebracht hatte, zu einer Zeit, wo Grenzstreitigkeiten und langjährige Eifersucht zwischen den beiden Nachbarrepubliken zu heftigen Zeitungsfehden führten, hielt man in Buenos Aires wahrscheinlich die Verhaftung für das geeignetste Mittel, um die Autorität zur Geltung und die Presse zum Schweigen zu bringen. Ob die argentinische Regierung das Recht oder die Pflicht hat, in unerschlossenen Hochgebirgsthälern der Anden das Reisen und Forschen nur mit ihrer Erlaubnis zu gestatten, lasse ich dahingestellt. Der Weg über die Uspallatapässe, die allein für den etwaigen Uebergang einer feindlichen Armee in Betracht kommen können, wird alljährlich von Hunderten von Reisenden betreten und ist so bekannt, dass Neues darüber von militärischem Interesse nicht mitzuteilen ist. Andere Pässe, die vielleicht aufgefunden würden, wären immer nur mit besonders geschulten Fusstruppen, im günstigsten Falle mit Maultieren der Bergartillerie zu begehen. Sie kämen nur für einen Guerillakrieg in Betracht, und ihre Kenntnis würde für die argentinische Seite ebenso wichtig sein, wie für die chilenische. In dem oben geschilderten Falle war der Reisende niemals an der Grenze, sondern nur auf dem westlichen und östlichen Kamme des über 15 km von der ersteren sich öffnenden Valle de los Horcones beschäftigt. Seine Person war hinreichend bekannt in Mendoza, um jeden Verdacht auszuschliessen. Da wäre es vielleicht geeigneter gewesen, über den Zeitungsklatsch hinweg, den Urhebern desselben gehörig auf die Finger zu klopfen und den friedlichen Reisenden ruhig seines Weges wandern zu lassen.

So wurde der Zweck der unter den günstigsten Verhältnissen begonnenen Expedition nicht erreicht, und in den vorstehenden Zeilen konnten dem Leser nur wenige Errungenschaften mitgeteilt werden. Für Unternehmungen in jenem Teil der Anden sind die Monate Januar und Februar die geeignetsten, aber auch Dezember und März, vielleicht auch einige Wochen früher oder später scheinen mir durchaus verwendbar zu sein. Mit welchen Kältegraden man im Januar zu rechnen hat, ist aus den vorstehenden Zeilen ersichtlich. Der Januar gilt als der wärmste Monat; der Februar kommt ihm fast gleich. Sehr wesentlich kälter dürften Dezember und März nicht sein. Ganz schlechte Tage, an welchen nichts zu unternehmen war, hatte ich während meines Aufenthalts nicht zu verzeichnen. Dagegen muss auf das Graupelwetter, welches nachmittags, meist zwischen 2 und 3^h, sehr selten nicht erscheint, Rücksicht genommen werden. Ich habe mich in jenen Hochthälern körperlich sehr wohl gefühlt und dort, in unmittelbarer Berührung mit der Natur, denselben

Genuss gefunden wie in den Alpen. In der Nähe des Aconcaguagebiets kommen südlich desselben zunächst der Andenteil zwischen Cerro Juncal und Tupungato in Betracht. Letzterer, 6710 m nach Moussy, würde von Punta de las Vacas durch das Thal des Rio Tupungato zu erreichen sein. Dieser Fluss ist jedoch von allen Zuflüssen des Rio Mendoza der bedeutendste, und nach den eingezogenen Erkundigungen soll er den Marsch thalaufwärts oft schwierig und unmöglich machen. Daher würde ein Versuch, zwischen dem Cerro de los Penitentes und dem Once Febrero in die Nähe des Berges zu gelangen, vielleicht von Nutzen sein. Auf der chilenischen Seite ist man von Santiago bis an seinen Fuss gelangt; ein Gleiches ist wohl von der argentinischen Seite, südlich von Mendoza, möglich. Nördlich vom Aconcaguagebiet und der ihm vorgelagerten Ramadakette, 6413 m nach Güssfeldt, liegt der Cerro del Mercedario oder Ligua, 6798 m nach Pissis, der demnach als zweithöchster Berg der Cordillera de los Andes angesehen werden muss.

Im Anhang lasse ich einige auf diesen Teil der Reise Bezug habende Angaben über Litteratur, Instrumente etc. folgen.

VI.

Abstieg von den Uspallatapässen zur Westküste.

Gelegentlich der in den vorstehenden Abschnitten geschilderten Reise in den argentinischen Anden führte mich mein Weg zweimal an die Ufer des Stillen Oceans. Einmal kehrte ich von Valparaiso südwärts durch den Smyth Channel und die Magalhãesstrasse nach Buenos Aires, ein anderes Mal nordwärts über den Isthmus von Panamá nach Europa zurück.

Ich führe den Leser wieder auf den westlicheren der Uspallatapässe, den Paso de la Iglesia (3810 m). Von ihm senkt sich der Weg sehr bald und führt an steilen Hängen und in vielen Windungen 750 m hinab zu der kleinen Ebene von Calaveras (3060 m). Den Abstieg von der Cumbre bis hierher, ebenso den Aufstieg legt man mit dem Maultier in zwei kleinen Stunden zurück. Auf diesem Teil des Weges macht die Landschaft mit ihren mächtigen Coulissen, den himmelhohen, ganz vegetationslosen Felswänden, deren Einförmigkeit nur selten durch Firnbedeckung unterbrochen wird, namentlich wenn der Wanderer in den späten Nachmittagsstunden emporsteigt und die Sonne sinken sieht, während die höchsten, vergletscherten Andengipfel sich immer mehr über die kahlen Felswälle erheben, einen gewaltigen, in ihrer Oede fast beängstigenden Eindruck.

Auf Calaveras wehen dem auf den Pässen meist durchfrorenen Reisenden schon mildere Lüfte entgegen. Er fühlt die Nähe der fruchtbaren Zone, deren Duft ihm entgegengetragen wird, und in die er gewöhnlich in den meist sonnigen Vormittagsstunden hinabsteigt. So pflegt denn die Stimmung, welche in den oberen Teilen des Ueberganges durch den Einfluss der ungewohnten Kälte und der Bergkrankheit (puna) stets eine sehr gedrückte zu sein pflegt, von hier ab wieder einer heiteren Platz zu machen. Von Calaveras führt die breite Thalsohle ganz allmählich abwärts, bis man nach einer halben Stunde, ca. 100 m tiefer, die Häuser von El Portillo (2780 m) und dahinter einen kleinen Gebirgssee, die Laguna del Inca, erblickt (Tafel LIX, 133, 134). Im Januar 1895, als in Europa noch in geringem Maasse die Cholera herrschte, sich auch einige Fälle in La Plata gezeigt hatten, war in Portillo der Sanitätswache untergebracht, und die Sachen des Reisenden wurden in einer an eine Lokomobile erinnernden Maschine einer hohen Temperatur ausgesetzt, um etwaige Keime der Krankheit zu töten. Dies Verfahren, von dem die Kleidungsstücke am Körper ausgeschlossen waren, machte keinen Anspruch auf Genauigkeit, war aber vielleicht geeignet, durch die Erschwerung des Verkehrs eine allzu leichte Uebertragung des Krankheitskeimes zu verhindern. Nach dieser Manipulation erhielt der Reisende einen Schein, ohne den er nicht bei dem tiefer unten stehenden Militärposten vorbeikommen konnte. Wir waren damals bei Portillo vorbeigeritten und mussten am nächsten Tage von Juncal wieder hinaufreiten, um uns den Passierschein zu verschaffen. Bei dieser Gelegenheit machte ich die Bekanntschaft der von der Regierung dorthin gesandten jungen Aerzte, unter denen einer, ein Sohn deutscher Eltern, das Deutsche vollkommen beherrschte. Auf dem Bilde 134 steht er neben dem im weissen Operationskleide befindlichen Kollegen. Auf der linken Seite des Bildes befindet sich die Maschine. Die im Hintergrunde desselben sichtbaren Berge liegen gegen Süden, gegen das Valle Juncal, während die Laguna nördlich von Portillo liegt.

Während der Fall von Calaveras nach dem eine Stunde entfernten El Portillo nur 280 m beträgt, senkt sich der Weg von hier wieder steiler und führt in $1^1/_2$ Stunden 560 m hinab nach Juncal (2220 m), wo der Reisende damals in dem kleinen, ganz guten Gasthause des Franzosen Hispa oder in demjenigen der Transportgesellschaften Unterkunft fand. Den Weg von Juncal bis auf den Paso de la Iglesia, 1590 m Höhenunterschied, legte ich mit den guten Maultieren meiner Tropa in 4 Stunden zurück. Die Tiere stiegen also 600 m in der Stunde. Weiter westwärts von Juncal bis Salto Soldado, der chilenischen Eisenbahnstation, gelangt man zu Wagen in drei Stunden, mit dem Maultier in vier und einer halben Stunde. Bald zeigt sich wieder Vegetation; wer längere Zeit in den Hochgebirgsthälern der Anden geweilt hat, wird durch den Anblick blühender Pflanzen und grüner, saftiger Alfalfafelder erfreut werden. Salto Soldado liegt unmittelbar vor einer Felsschlucht, durch die der Rio Aconcagua hinabstürzt. Die Bahn führt mittels Tunnel und Brücke durch diesen sehr wilden Teil der Landschaft, welche durch das Auftreten einer hohen Kaktusart, von Bäumen und Sträuchern einen ganz anderen Charakter zur Schau trägt, wie die argentinische Seite der Anden unter gleichen Breiten. Bald hinter der Schlucht beginnt der Ackerbau; kleine Getreidefelder und Weingärten erscheinen, alles durchzogen von Kanälen, die das Wasser des Rio Aconcagua für die Vegetation nutzbar machen. Wo das letztere nicht hindringt, fehlt das saftige Grün, und die spärlich bestandenen grauen Hänge machen nicht den Eindruck der Fruchtbarkeit. Nach anderthalbstündiger Eisenbahnfahrt wird die kleine Stadt Los Andes (815 m) erreicht. Auch auf der weiteren Fahrt wechseln Fruchtbarkeit und Oede mit einander ab. Die Kulturzone aber wird bedeutend breiter; saftige grüne Alfalfafelder mit zahlreichen, vielfarbigen Rinderherden gewähren ein buntes, ungemein freundliches Bild, und die Weingärten erstrecken sich häufig über von der Bahn aus unübersehbare Flächen. Hier befinden sich die besten Lagen des chilenischen Weines, eines ganz vorzüglichen Erzeugnisses, das den französischen Weinen des Médoc fast ebenbürtig ist. So führt die Bahn bei der Station Panquehué durch die Viña gleichen Namens, die eine der gangbarsten Weinsorten liefert. Im Osten werden die hohen Berge der Anden, Cerro Juncal und Los Leones, sichtbar.

Von dem in etwas über einstündiger Fahrt von Los Andes erreichten Llaillai führt die Bahn westlich nach dem bedeutendsten Hafenplatz der Westküste, Valparaiso, südlich nach der Hauptstadt Chiles, Santiago. In Llaillai ist meist längerer Aufenthalt, und findet dort ein Zusammenströmen von Reisenden statt, das an den Verkehr auf den grossen Alpenbahnen in Göschenen oder Franzensfeste erinnert. Wer von Osten kommt, besteigt auf dieser bedeutenden Station den mit schönen Wagen zwischen Valparaiso und Santiago laufenden Zug. Die Bahn verlässt hinter Llaillai (394 m) die fruchtbare Thalsohle, steigt in ein ödes Bergland und über 800 m Meereshöhe hinauf und senkt sich dann durch Tunnels über die kleine Station Lampa, wo der Aconcagua sichtbar ist, hinab zur Ebene von Santiago (520 m).

Die Hauptstadt Chiles bietet dem Fremden im Verhältnis zu gleich grossen, europäischen Städten wenig. Die von dem Verkehr am meisten bevorzugten Strassen und Plätze sind in einem kurzen Spaziergang kennen gelernt. Mitten in der Stadt erhebt sich ein ca. 100 m hoher Fels, Santa Lucia, dessen Flanken prächtige Anlagen zieren, und dessen Gipfel, auf den eine breite, schöne Fahrstrasse führt, eine umfassende Aussicht auf die Stadt, das chilenische Längsthal, die Küstenkordillere und die vergletscherten Züge der Hauptkordillere bietet. In dem Park de Cousiño, einer privaten Schenkung an die Stadt, hat man am Nachmittag Gelegenheit, die vornehme Welt Santiagos zu Wagen und zu Fuss sich bewegen zu sehen. Kein Fremder wird den Besuch der Quinta Normal, einer Art Versuchsstation für den Ackerbau, versäumen. In den weitläufigen Anlagen derselben befindet sich auch das von einem deutschen Gelehrten, Herrn Prof. Dr. Philippi, geschaffene Museum, das eine reichhaltige zoologische Sammlung enthält. Ich hatte die Ehre, mit dieser Sammlung von ihrem damals 85jährigen Schöpfer und gründlichsten Kenner der Fauna des Landes bekannt gemacht zu werden. Durch die Liebenswürdigkeit deutscher Herren verlebte ich ferner in den Kreisen des Deutschen wissenschaftlichen Vereins einige genussreiche Stunden und lernte die sehr hübsche Einrichtung des chilenischen Club Union kennen.

Auch auf der Fahrt von Llaillai nach Valparaiso zeigt die Landschaft die grössten Gegensätze von Fruchtbarkeit und Oede; an die von der Bahn aus sichtbare, meist schmale Kulturzone schliesst sich die spärliche Vegetation der grauen Berglehnen. Ganz auffällig ist der schwunghafte Hausierhandel, der von der Landbevölkerung auf den Bahnsteigen mit Blumen, Früchten, Eiern, Käse, Kuchen etc. getrieben wird. Für einen sehr geschmackvoll hergestellten, riesenhaften Blumenstrauss bezahlt man 60 Centavos, damals ungefähr 60 Pfennig.

Valparaiso wird in fünfstündiger Fahrt von Santiago erreicht. Die Stadt bietet dem Fremden garnichts. Der untere Teil derselben, in dem sich Geschäfte und Speicher befinden, erinnert in seiner äusseren Erscheinung ganz an eine europäische Hafenstadt. Diesen Teil umgiebt ein Kranz von Hügeln, die durch mehr oder weniger tiefe Thäler voneinander getrennt sind. Auf den dem Hafen am nächsten gelegenen Hügeln, die durch Drahtseilbahnen mit dem unteren Teil der Stadt verbunden sind, wohnt ein grosser Teil der europäischen Bevölkerung. Die von den Eingeborenen bewohnten Hügel sind meist mit elenden Baracken bebaut, welche auf dem graubraunen, fast ganz vegetationslosen Boden einen recht kümmerlichen Eindruck machen. Der Fremde wird den Charakter der Hafenstadt am besten durch einen Spazierritt morgens oder am späten Nachmittag, auf der über die Hügel führenden oberen Strasse und derjenigen am Meeresufer, zu dem westlich gelegenen Fisherman's Bay, eine Fahrt auf der Pferdebahn, die von einem Ende der Stadt zum anderen führt, sowie durch den Besuch des Stadtparks, eines kleinen öffentlichen Gartens, in dem abends häufig Konzert stattfindet, kennen lernen. Mehr Reiz wie das Leben in der Stadt wird ihm der Besuch der Umgebung gewähren, d. h. der nächsten Stationen der nach Llaillai führenden Eisenbahn. Die erste derselben, Viña del Mar, die Villenkolonie für Valparaiso, wo eine bessere Einrichtung der Seebäder den Aufenthalt angenehmer, und der Staub denselben häufig sehr unangenehm machen kann, wird in einer kleinen halben Stunde erreicht. Während der Sommermonate wird der kleine Ort vom Inlande aus viel besucht; namentlich die Bewohner Santiagos pflegen sich der oft unerträglichen Hitze in der Hauptstadt durch einen längeren Aufenthalt hier zu entziehen. Ein grosses Hotel in Viña del Mar liefert die nötigen Annehmlichkeiten für den letzteren; der Besuch der schattigen Parkanlagen und ein Spaziergang durch den kleinen Eukalyptushain auf die Höhen hinter demselben, von denen man eine hübsche Aussicht auf Meer und Meeresufer geniesst, empfiehlt sich auch für den europäischen Fremden. Von der Station Salto werden die kleinen malerischen, mit Palmen bestandenen und von kleinen Rinnsalen durchzogenen Thäler namentlich des Sonntags häufig besucht, ebenso die Station Limache, in dessen gutem Hotel mit hübschen Gartenanlagen viele Mitglieder der fremden Kolonien Valparaisos die christlichen Feiertage zu verleben pflegen. Bei letzterer Station liegt ein Berg, La Campana (1880 m), der eine schöne Aussicht auf die Anden mit dem Aconcagua bieten soll; man reitet von Limache in drei Stunden bis zur Mina Mercedes (871 m), wo man nächtigt, und erreicht von dort in vier Stunden, von denen ein Teil zuerst noch zu Pferde zurückgelegt werden kann, den Gipfel.

VII.

Von Valparaiso durch den Smyth Channel und die Magalhãesstrasse nach Buenos Aires.

Der Verkehr zwischen den Hafenstädten und der Westküste Südamerikas, südlich bis zu dem chilenischen Puerto Montt, nördlich bis zu dem columbianischen Panamá, wird von Valparaiso durch die Compania Sudamericana de Vapores und die englische Pacific Steam Navigation Company aufrecht erhalten. Beide Linien haben grosse, meist in Schottland gebaute und sehr gediegen eingerichtete Schiffe. Speisezimmer und die sehr geräumigen Kajüten liegen hoch über dem Wasserspiegel und sind von über 4 m breiten Gängen umgeben. Das Deck über ihnen gestattet den Reisenden, ihre Spaziergänge über 100 m auszudehnen. Kapitän und Mannschaft sind meist englisch. Auch die sehr schönen Schiffe der Hamburger Kosmos- und Hamburger Pacific-Linie vermitteln den Verkehr zwischen einigen Häfen.

Die Fahrten an der Westküste Südamerikas sind in den Sommermonaten klimatisch angenehm und nicht ohne Reize. Als wir am 23. Dezember 1893 abends die Fahrt südwärts nach Puerto Montt antraten und der Mond sein mildes Licht über den kahlen Hügelkranz warf, der die Bucht Valparaisos umgiebt, verschwand der Eindruck der Oede und Unfruchtbarkeit, welchen die Landschaft am Tage macht, und in der prächtigen Luft, die um 8^h abends auf dem Ocean + 18° C. betrug, wurde die Erinnerung an die gesegneten Ufer des Mittelländischen Meeres rege. Unser Dampfer brachte uns in nicht ganz 24 Stunden an der streckenweise flacheren Küste entlang zu dem Hafen von Tomé (Tafel LX, 135) und von dort in einer Stunde nach Talcahuano (Tafel LX, 136), wo wir die Nacht zum ersten Weihnachtsfeiertage liegen blieben. Eine Feier des Tages sowie des vorhergegangenen heiligen Abends fand an Bord nicht statt. Talcahuano ist nach Valparaiso der bedeutendste Hafen Mittel-Chiles mit beträchtlichem Weizenexport. Wir nahmen dort Mehl und gingen dann in vier Stunden nach Coronel (Tafel LX, 137), wo wir gleichfalls die Nacht liegen blieben und Kohlen luden. Die dicht am Meer gelegenen Kohlenminen von Coronel und dem eine Stunde südlicheren Lota gehören der reichen, in Paris lebenden Frau Cousiño. Bei letzterem Ort steht ein grosser, prächtiger Park der Señora mit seinem saftigen Grün in auffallendem Gegensatz zu der öden Färbung der Gruben. Bald nachdem wir Lota verlassen hatten, wurde das Meer bewegter, so dass an der Mittagstafel von den 50 Reisenden in der ersten Klasse eine sehr bedeutende Anzahl nicht erschien. In $5^1/_2$ Stunden wurde Lebu erreicht, recht hübsch an der von einer starken Brandung bespülten Küste gelegen, wo ich, von Norden kommend, zum erstenmal wieder Wald erblickte. Der bisher stets heitere Himmel hatte in Lota eine dunkle, schwarze Bewölkung erhalten, und in Lebu erfolgte der erste, kurze Regenschauer. Auf der weiteren, sechzehnstündigen Fahrt nach Corral wiederholten sich die Niederschläge; die Wolken hingen dicht an den bewaldeten Bergen der Küste. Die letztere war häufig durch den Nebel unsichtbar, die See sehr bewegt. Corral an schöner grosser Bucht (Tafel LXI, 139), dem Hafen von Valdivia, gelegen, bildete eine der sieben Befestigungen, welche die Spanier angelegt hatten, und vermöge deren sie die ganze Bucht unter Kreuzfeuer nehmen konnten. Der Hafen galt damals als uneinnehmbar; doch gelang es den Chilenen während des Unabhängigkeitskrieges, mit nur drei Schiffen und einer sehr geringen Bemannung, durch einen kühnen Handstreich sich der Befestigungen zu bemächtigen und sich am 4. Februar 1820 in den Besitz Valdivias zu setzen. Das sehr solide Mauerwerk der Befestigungen ist erhalten (Tafel LXII, 144, 145), und innerhalb der letzteren liegen noch die mächtigen Kanonenrohre. Die Vegetation bei Corral ist durchaus subtropisch und für den Neuling überraschend. Rot und weiss blühender Fingerhut, blühende Myrten und Fuchsien fallen vor allem in die Augen. Am Fenster eines der letzten Häuser des kleinen Ortes sah ich einen geschmückten Weihnachtsbaum stehen und hörte im Garten auch sehr bald ein paar deutsche Kinderstimmen. Der Vater der Kinder war der in Chile geborene Sohn eines eingewanderten Deutschen, ein Bierbrauer, der mich auf seiner kleinen Besitzung herumführte, mir auch seinen Gemüsegarten zeigte. Der Ort hat viele deutschredende Bewohner. Auch das kleine Gasthaus am Ufer gehörte damals deutschen Wirtsleuten; im Sommer hatte es zuweilen Gäste, die längere Zeit dort verweilten, um Seebäder zu nehmen; Küche, Keller und sonstige Einrichtungen waren ganz deutsch. Es herrschte eine feuchtwarme, treibhausartige Luft in Corral; die Wolken hingen bis auf den Wasserspiegel herab, und ab und zu entluden sich heftige Regenböen. Wir blieben den ganzen Tag dort liegen und wurden in der folgenden Nacht wieder gründlich vom Stillen Ocean herumgerollt. Der Dampfer legte am nächsten Morgen vier Stunden vor Ancud (Tafel LXI, 138), dem nördlichen Hafen der Insel Chilöe, bei, lief dann noch den kleinen Ort Calbuco an und traf am 28. Dezember, $6^1/_2{}^h$ nachmittags, vor Puerto Montt ein.

Auch in Puerto Montt ist die deutsche Sprache sehr verbreitet, und selbst der Wirt des kleinen Hotel Central, von spanischer Abkunft, beherrschte das Deutsche fast vollkommen; er hatte einige Jahre in Deutschland verlebt. Leider ist die deutsche Einigkeit auch mit der Sprache gewandert, d. h. sie lässt, wie im Mutterlande, auch an den Ufern des Stillen Oceans zu wünschen übrig. Ich hörte, dass die Zwistigkeiten namentlich von deutschen Jesuiten gefördert würden. Während meines Aufenthalts in Puerto Montt regnete und stürmte es häufig und ungemein heftig; die Temperaturen um 8^h früh betrugen 12—13°, 2^h mittags 16—17°, also zu einer Jahreszeit, die unserem Juni entspricht. Der Luftdruck betrug am 29. XII. 2^h nachmittags nach den Siedethermometern 756·6 mm. Die Lage Puerto Montts an der Bai von Reloncaví ist sehr schön (Tafel LXII, 141—143). Ostnordöstlich von dem kleinen Ort, in einer Entfernung von circa 30 km, erblickt man den Vulkan Calbuco, dessen Höhe mit 1690 m angegeben wird, und der seit einigen Wochen in Thätigkeit getreten war. Ich machte einen leider durch das Wetter vereitelten Versuch, den Berg zu besteigen, und war zu diesem Zwecke am 1. Januar 1894, $8^1/2^h$ vormittags, in Begleitung eines chilenischen Pferdewärters und unter Mitnahme der nötigen Instrumente von Puerto Montt fortgeritten. Als ich in der vorhergehenden Neujahrsnacht ein gastliches deutsches Haus verliess, waren die bleiernen.Wolken der letzten Tage zu meiner Freude verschwunden, und unter einem sternenklaren Himmel wurde mir gutes Wetter für den Calbuco prophezeit. Auch am nächsten Tage schien der Stand des Barometers solches zu bestätigen; es zeigte um $7^1/2^h$ früh 764·9 mm bei der Lufttemperatur von $9^3/4^0$.

Wir ritten an jenem frühen Neujahrsmorgen zum Osten des Städtchens hinaus, zunächst durch einen Hohlweg und erreichten nach etwa einer Stunde den höchsten, ca. 105 m über Puerto Montt gelegenen Punkt des nach Norden zum See von Llanquihué führenden Knüppeldammes. Die Gegend, welche man durchreitet, macht gerade keinen sehr fruchtbaren Eindruck; sie scheint sehr sumpfig zu sein. Der Wald ist nur an wenigen Stellen gerodet und stimmt mit den angekohlten, oft riesigen Baumstümpfen die Landschaft auch nicht heiterer. Die Baulichkeiten sind alle aus Holz aufgeführt und machen eher einen dürftigen Eindruck. Der Calbuco wurde erst nach $2^1/2$stündigem Ritt wieder sichtbar, und nach ferneren $1^1/2$ Stunden auch der grosse See von Llanquihué (45 m), dessen südliches Ufer man in Puerto Varas nach ca. $4^1/2$ stündigem Ritt von Puerto Montt erreicht. Das Gasthaus in Puerto Varas, das als Sommerfrische besucht wird, wurde damals von einem aus Weissensee bei Berlin eingewanderten Deutschen, Herrn Schadow, gehalten, welcher den bedeutendsten Ausbruch des Vulkans Calbuco, vom 29. November 1893, wie folgt in seinem Fremdenbuch verzeichnet hat: »Bei Südostwind früh gegen 7^h erfolgte aus dem Calbuco ein grossartiger, heftiger Ausbruch. In einer Zeit von fünf Minuten war die Rauchsäule Tausende von Metern emporgestiegen; dieselbe hatte das Aussehen wie ein in der Ferne aufsteigendes, schweres Gewitter. Senkrechte wie wagerechte lange Blitze durchkreuzten die Luft; dabei ein immerwährendes Donnern. Gegen 8^h früh trat bei heftigem Aschenregen Verfinsterung ein; es wurde immer dunkler und gegen 9^h vollständig Nacht; dann hörte der Donner auf. Um 10^h war es so finster, dass man in unmittelbarer Nähe nicht das Geringste erkennen konnte; diese Finsternis währte bis $11^1/2^h$. Ganz allmählich wurde es wieder heller und gegen 12^h vollständig Tag, so dass die Lampen gelöscht werden konnten. Bis dahin war $^1/_4$ Zoll Asche gefallen, und dauerte der Aschenregen fort bis gegen Abend. In unmittelbarer Nähe des Vulkans fiel wenig Asche, auch wurde es dort nicht finster; dagegen traten diese Erscheinungen auf in Puerto Montt, Tortoral, Frutillas, Octai, Osorno, Union.« — Ich hörte später, dass der Aschenregen bis Temuco, nördlich von Valdivia, gekommen sei, derselbe bei dem nordöstlich, unweit Valdivia gelegenen Putabla drei Tage gedauert habe und am stärksten am dritten Tage gewesen sei. Der Regen sollte dort beinahe 1 cm Asche zurückgelassen haben, so dass das Vieh, da die Weide versagte und dasselbe auch in den Wäldern, wo die Asche auf den Zweigen lag, keine Nahrung fand, anfing abzumagern. Erst der sich bald einstellende Regen änderte die Sachlage und befreite die Landwirte von einer grossen Sorge. Nach in Puerto Montt erhaltener, freundlicher Mitteilung zeigte sich die erste Thätigkeit des Calbuco gegen Ende Februar 1893, der erste Ausbruch am 19. April, während bis dahin die Thätigkeit sich nur durch Dampfwolken bemerkbar gemacht hatte. Am 5. Oktober erfolgte ein heftiger Steinregen auf den nordöstlichen Hängen des Berges und dann am 29. November 1893 der grosse Ausbruch, der auch in Puerto Montt den Tag zur Nacht verwandelte und aus dem Städtchen ein zweites Pompeji zu machen drohte. Ich sah dort noch die Dachrinnen ganz mit Asche angefüllt. Der Schneemantel des Vulkans, den der Berg auch im Sommer sonst nicht verliert, war durch den Ausbruch vollständig verschwunden. Grosse Schlammfluten haben an seinen Hängen mächtige

Der Vulkan Calbuco bei Puerto Montt.

Betten, die sogenannten Cañadas, gebildet. Während meiner Anwesenheit rauchte der Berg, der von Puerto Montt sehr schön sichtbar ist, stark und unaufhörlich; zuweilen drangen grössere Dampfwolken puffend aus ihm hervor. Er erinnert in seiner äusseren Erscheinung sehr an den Vesuv.

Um 3ʰ nachmittags verliessen wir Puerto Varas und ritten in vier Stunden zu der an der nordwestlichen Seite des Calbuco gelegenen Chacra eines deutschchilenischen Ansiedlers, des Herrn Minthe jun. Der Ritt dorthin durch fruchtbare Kulturen und den subtropischen Wald gehört zu einem der angenehmsten Eindrücke, die eine Reise nach Südamerika bieten kann. Vom Wege hat man häufig Blicke auf den See von Llanquihué, an dessen Ufer er mehr oder minder hoch entlang führt. Die fruchtbaren Felder, die der Weg durchschneidet, die sauber gepflegten Gärten und netten Häuser, die man von ihm erblickt, sind meist im Besitz deutscher Ansiedler, die zuerst Ende der vierziger Jahre an die Ufer des Sees gelangten. In der subtropischen Vegetation fesseln vor allem die blühenden Myrtenbäume, die oft eine ansehnliche Stärke und Höhe erreichen, zuweilen noch unseren Rot- oder Weissdorn an Grösse übertreffen. Auf dem letzten Teil des Weges überschritten wir einen nicht immer ganz zahmen Fluss, den Rio Pescado, ohne Schwierigkeiten. Gleich nach unserer Ankunft auf der

Chacra, 7¹/₄ʰ abends, fing es an zu regnen. Mit einer den Europäer verblüffenden Schnelligkeit entwickelte sich hier der Regen, und nach kurzer Zeit goss es in Strömen. Auch am nächsten Morgen hörte das Plätschern nicht auf, und es machte allerdings den Eindruck, als ob der Regen ein unendlicher werden wollte. Herr Minthe jun. meinte, dass nach seiner Erfahrung besseres Wetter sicherlich nicht so bald eintreten, der Rio Pescado aber vielleicht sehr gefährlich werden und in den nächsten acht Tagen nicht zu überschreiten sein würde. Mit diesen Prophezeiungen musste meinerseits gerechnet werden, da in 8—10 Tagen der Dampfer der Hamburger Gesellschaft Kosmos, mit dem ich durch den Smyth Channel und die Magalhãesstrasse nach Buenos Aires zurückkehren wollte, in Corral fällig war und der chilenische Dampfer dahin von Puerto Montt in drei Tagen abging, während bei dem Wetter wenig Aussicht war, Valdivia und Corral auf dem sehr interessanten Landwege durch die deutschen Kolonien und über die kleinen Städte Osorno und Union rechtzeitig zu erreichen. So entschloss ich mich, zurückzureiten, und brach um 10¹/₂ʰ vormittags bei strömendem Regen von der Chacra des Herrn Minthe auf, der uns bei der Ueberschreitung des Rio Pescado (Tafel LXIII, 146) behilflich war. Der Fluss hatte ein ganz verändertes Aussehen erhalten; sehr angeschwollen und reissend, trug er häufig grosse Baumstämme in den See, die bei seiner Ueberschreitung leicht eine Katastrophe herbeiführen konnten. Herr Minthe ritt mit seinem grossen und starken Pferde zuerst hinein und nahm das eine Ende zweier zusammengeknüpfter Lassos mit, die an zwei Bäumen über den Fluss gespannt wurden und nötigenfalls als Rettungsseil dienen sollten. Schliesslich kamen wir alle mit nassen Extremitäten, aber sonst wohlbehalten hinüber. Um die Lassos auseinander zu knüpfen, ritt mein Mozo, der Pferdewärter, nochmals hinein und kam dabei in eine sehr gefährliche Lage. Das Wasser ging seinem Pferde bereits bis an die Kehle, doch trieb er auf unser vereintes Rufen das Tier vorwärts und erreichte, nachdem er die Lassos auseinandergeknüpft hatte, glücklich das Ufer. In dem nahe dem linken Flussufer gelegenen Hause eines Deutsch-Böhmen Opitz setzten wir uns wieder in trockenen Zustand und ritten dann durch den triefenden Wald nach Puerto Varas, wo ich nächtigte. Am nächsten Tage kehrte ich nach Puerto Montt zurück, über dem wieder schwere Wolken hingen (Tafel LXIII, 147). Während der folgenden Tage war wunderschönes Wetter.

Ich benutzte dasselbe, um von den drei Viertelstunden östlich von Puerto Montt gelegenen niederen Höhen, bei dem Hause des Matias Zuñiga, die wunderbare Aussicht auf die Bai von Reloncaví und die Kette der Anden zu photographieren. Leider ist der Lichtdruck auf Tafel LXII nicht gelungen und giebt nur eine sehr geringe Vorstellung von der Schönheit der Aussicht. Man erblickt von dort die Berge Osorno, Punto Agudo, Calbuco, Horno Huinco, die Firnfelder des Monte Jate und eine ganze Anzahl firnbedeckter Berge, unter denen im Süden ein rauchender Vulkan steht, der mir von meinem liebenswürdigen Begleiter als Huequi, dicht bei dem Vulkan Michimavida gelegen, bezeichnet wurde. Von hier ungefähr wird Garcia Hurtado de Mendoza, Gouverneur Chiles, im Februar 1558, von Valdivia kommend, zuerst diese Teile des Landes erblickt haben, »descrubió desde una pequeña montaña:

»un ancho archipiélago, poblado
de innummerables islas, deleitosas,
cruzando por el uno y otro lado,
gondolas y piraguas presurosas«,

como dice el poëta Ercilla, que formaba parte de esa columna« (Diego Barros Arana en Historia general de Chile, Santiago 1883). Die herrliche Aussicht veranlasste mich, nochmals früh morgens diesen Standpunkt aufzusuchen, bei welcher Gelegenheit mir ein Fuchs vor die mitgenommene Flinte kam. Matias Zuñiga war hocherfreut, als ich ihm den Räuber seiner Hühner überlieferte. Die Tiere sind kleiner wie der europäische Fuchs, sehr zierlich gebaut, der Pelz grau.

Um Mitternacht des 5. Januar, bei etwas regnerischem Wetter, schiffte ich mich wieder in Puerto Montt ein. Früh am nächsten Tage befanden wir uns vor dem kleinen Ort Calbuco, den wir um 10^h vormittags verliessen, gingen dann in drei Stunden nach Ancud und in zwölf Stunden nach Corral, das wir bei ruhiger See am 7. Januar um 6^h vormittags erreichten. Ein kleiner Dampfer brachte mich mit meinem Gepäck von dort in 1$^1/_2$ Stunde nach Valdivia, wo ich die Mittagstafel in Geldsetzers Hotel Bella Vista von ungefähr einem Dutzend deutscher Handelsbeflissener gebildet fand. Das Städtchen Valdivia hat circa 6000 Einwohner und ist eine fast deutsche Stadt mit reger Industrie, vielen Gerbereien, einer berühmten Brauerei und einer vorzüglich geleiteten Realschule mit fast nur deutschen Lehrkräften. Der Fremde wird den Charakter der Stadt in sehr kurzer Zeit kennen lernen.

Ich benutzte den unfreiwilligen Aufenthalt daselbst bis zum Abgang des Dampfers, um einige der zahlreichen Wasserläufe zu befahren, die bei Valdivia münden, und auf denen der Verkehr durch kleine Dampfer aufrecht erhalten wird. Am 8. Januar, früh nach 9^h verliess eins dieser Fahrzeuge Valdivia und ging durch den kleinen Fluss Cau-Cau, eine natürliche Verbindung zwischen dem von Norden strömenden Cruces und dem von Osten kommenden Calle-Calle, mit denen er die Valdivia gegenüberliegende Insel Tejas bildet. Nach 11^h kam bei Tres Bocas im Rio Cruces der Vulkan Villarica in Sicht, in seiner Firnbedeckung ganz wie der Osorno aussehend. Die weitere Fahrt führte den Nebenfluss des Cruces, den Pichoi, hinauf, wo die Ufer, die bisher an die Berge Thüringens erinnerten, flacher werden. Um 1$^1/_2$^{h} erreichte die Fahrt im Putabla ihr Ende. Von der Hochebene, die man in 10 Minuten vom Landungsplatz erreicht, erschloss sich ein schöner Blick auf die Vulkane Villarica und Rinhué. Nach einer kurzen halben Stunde wurde der Rückweg angetreten, auf dem wir zuerst ein fast wie den Dampfer grosses, mit Holz beladenes Boot an die eine Seite nahmen, dann zwei mit Personen und Sachen beladene Boote auf die andere. Hierauf vermehrten wir uns noch um ein Boot mit Kühen und Kälbern, die nach Valdivia gingen, um von Brauereiabfällen fett gemacht zu werden, und nahmen bei einem Kolonisten schliesslich noch eine weitere Lancha mit Kühen auf. Die Verladung der letzteren nahm viel Zeit in Anspruch und muss geradezu als eine grausame bezeichnet werden. Man suchte die Tiere durch gewaltsamstes Biegen der Schwanzwirbel vorwärts zu treiben; häufig wird der Schwanz dabei gebrochen, und die Tiere fangen an zu kränkeln. In Europa würde eine derartige Quälerei vom Strafrichter geahndet werden. Um 7^h abends traf der Dampfer wieder in Valdivia ein. Aehnlich vollzog sich die Fahrt am nächsten Tage den Calle-Calle (Valdiviafluss) hinauf. Hinter Valdivia liegen an dem Ufer dieses Flusses Lohgerbereien, dann treten vereinzelte Kulturen auf, auch die Schienen einer Eisenbahn werden sichtbar, welche die Stadt mit dem Norden verbinden soll. Der Strom verengt sich zunächst etwas, um sich dann sehr zu verbreitern und in verschiedene, kleine Inseln umschliessende Arme zu spalten. Die Fahrt, auf welcher der Vulkan Rinhué sichtbar wird, erreichte nach 4^1/$_2$ Stunden in Puerto Junco (Tafel LXIV, 148), an ausgedehnter Ebene, ihr Ende. Von Süden mündet bei Valdivia der Futafluss; der kleine Dampfer befährt ihn 3^1/$_2$ Stunden aufwärts. Seine Ufer wirken durch ihre Vegetation, mit den blühenden Myrtenbäumen und dem zierlichen Bambusrohr sehr malerisch; häufig steigen sie unmittelbar vom schmalen Flussbett in geneigter Ebene an, so dass man vom Dampfer den Waldesgrund mit seinen riesigen Farnen überblickt, und bieten sich dann herrliche Scenerien. Zahlreiche Schwärme grüner Papageien zogen über die hohen Baumkronen an den Ufern des Flusses, dessen seichtes Wasser unseren kleinen Dampfer einmal aufsitzen liess. Während der Fahrt auf dem Futa bot sich keine Gelegenheit zu photographischen Aufnahmen, und kann ich dem Leser nur die Ansicht der weniger günstig gelegenen Endstation (Tafel LXIV, 149) bieten. Auch der Insel Tejas, die einen Teil Valdivias trägt, stattete ich einen Besuch ab; sie hat hinter den am Fluss gelegenen Gebäuden ausgedehnte Weidegründe und Viehzucht. In liebenswürdigster Weise wurde ich mit den Verhältnissen dort bekannt gemacht.

Die grösste Abwechslung dürfte in Valdivia wohl das Klima bieten. Der 8. Januar war ein wunderbarer Tag; der 9. schön, doch bewölkt; am 10. regnete es, zuweilen sehr heftig; am 11. war wieder sehr schönes Wetter bei geringer Bewölkung; in der Nacht zum 12. regnete es, der Morgen war ganz bewölkt, der Tag dann schön; am 13. regnete es wieder in Strömen. Ich verliess den kleinen Ort um die Erfahrung reicher, dass auf Regen Sonnenschein und umgekehrt, in jenem Teil der Erde, wenigstens zu dieser Jahreszeit, plötzlicher und unerwarteter einzutreten pflegt wie in Europa, und dass die Kenntnis der klimatischen Faktoren eines Landes sehr wesentlich zum Gelingen der Reiseunternehmungen beiträgt.

Am 14. Januar fuhr ich um 9^h vormittags nach Corral hinab und begab mich an Bord des kurz zuvor eingetroffenen Dampfers Isis, Kapitän Danielsen, von der Hamburger Dampfergesellschaft Kosmos (vergl. Tafel LXI). Der Dampfer erhielt am Nachmittag den Besuch der um einige weitere Mitglieder Jungdeutschlands verstärkten Tafelrunde des Hotel Geldsetzer in Valdivia. Die Herren waren auf einem kleinen Dampfer hinausgefahren, und die Berührung mit dem Boden, über dem die deutsche Reichsflagge wehte, und der für sie ein Stück der fernen Heimat darstellte, brachte sie in eine sehr fröhliche Stimmung. Die Wacht am Rhein singend, verliessen sie gegen 6^h abends die Isis und dampften nach Valdivia zurück. Bald darauf versuchten wir hinauszugehen, doch war es nicht möglich, in dem engen Fahrwasser und bei der starken Strömung das Schiff zu wenden; es musste am Achterteil mit der Trosse an einer Boje befestigt werden; dann gelang es, das Schiff herumzuholen. Während wir langsam hinausdampften, holte sich das Boot mit den drei Leuten, welche die Trosse befestigt hatten, mittels der letzteren längsseits des Dampfers, und während zwei der Leute das Boot hinaufzogen, fasste der dritte ein über die Bordwand des Dampfers herabhängendes Tau, um sich an ihm auf Deck zu ziehen; leider war das Tau nicht gehörig befestigt, und als der Mann noch an der Bordwand emporkletterte, gab es nach, und er fiel ins Wasser. Wir haben ihn nicht wiedergefunden; da er schwimmen konnte, so muss angenommen werden, dass ihn die Schraube des Dampfers gefasst und erschlagen hat. Die sofort ausgesetzten Boote konnten nur seine Mütze und den ihm nachgeworfenen Rettungsgürtel auffinden. Die Isis hatte ihren besten Matrosen verloren, einen jungen, netten Mann, den Sohn eines Schiffskapitäns. Erst um 12^h verliessen wir die Unglücksstelle, nachdem dem Hafenkapitän von Corral noch die schuldige Meldung gemacht worden war.

Die Fahrt von Corral bis zu dem Eingang in die Kanäle, die sich an der vielgegliederten Küste der südlichen Spitze des amerikanischen Kontinents hinziehen, dauerte drei Tage; durch die Kanäle selbst brauchte die Isis nicht ganz zwei Tage, in den beiden Nächten beilegend. Die Magalhãesstrasse durchlief sie westlich von Punta Arenas in ca. 18 Stunden, östlich davon in 12 Stunden. Im ganzen dauerte die Fahrt von Corral bis Montevideo $11^1/_2$ Tage. Ich war der einzige Passagier in der Kajüte des schönen Schiffes, während die letztere auf der Fahrt von Europa ganz besetzt gewesen war. Mit dem Vorrücken der Eisenbahnschienen gegen die Uspallatapässe und der Erleichterung des Verkehrs über dieselben ziehen die Reisenden von der Westküste Südamerikas während der Sommermonate den Landweg natürlich vor. Auf letzterem erreichen sie von Valparaiso die Mündung des La Plata in drei Tagen, während sie zur See dahin vierzehn Tage gebrauchen; in Buenos Aires haben sie dann noch den Vorteil, auf verschiedenen Wegen und Dampferlinien die Reise nach Europa fortsetzen zu können. Ist die Eisenbahn zwischen Chile und Argentinien erst vollendet, so wird der Verkehr der Reisenden durch die Magalhãesstrasse ganz aufhören.

Die Fahrt führte von Corral zunächst in das offene Meer. Die Isis, welche am 21. Oktober Antwerpen verlassen und bisher immer schönes Wetter gehabt hatte, traf auf dieser beinahe dreimonatigen Reise zum erstenmale auf sehr bewegte See. Am 17. Januar früh sahen wir wieder die Küste und ankerten, nach einer ruhigen Fahrt durch den Golf von Peñas, um 8^h abends in Hale Cove. Da ein Boot ausgesetzt wurde, um zu loten, machte ich die nächtliche Fahrt mit, auf der wir auch versuchten zu landen; die undurchdringliche, weit über das Wasser hinausragende Ufervegetation machte solches jedoch unmöglich. Abends 9^h Lufttemperatur $+ 9^0$.

Am Morgen des 18. Januar war der Himmel bewölkt, um 5^h die Lufttemperatur $+ 8^0$; später regnete es ab und zu. Die höheren Berge wurden von Wolken umzogen; zuweilen fiel der Nebel tiefer hinab und zog mit dem Schiffe südwärts; am Abend, kurz bevor wir beilegten, fing es heftig an zu regnen. Im ganzen war der Tag leidlich. Nachdem wir Hale Cove verlassen hatten, wurden gemäss der Vorschrift der Kosmosgesellschaft die Boote klar gemacht, so dass sie im Falle der Not sofort zu Wasser gelassen werden konnten.

Zunächst führte unsere Strasse in schmutziggrünem Wasser zwischen einen bis mehrere Meter ganz steil abfallende Felsufer hin, die ein Landen sehr erschweren würden. Hinter Middle Island wurde ein höherer Berg, ein steil abfallendes Horn mit kleinem Gletscher sichtbar; dichter, anscheinend undurchdringlicher Holzbestand erscheint an steilen Hängen, unterbrochen von senkrechten Felswänden, ferner kahle runde Felskuppen, mächtige Platten, wie vom Gletscher geschliffen; alles macht den Eindruck der Unnahbarkeit. Das Tierleben ist unbedeutend; nur wenige Möwen begleiten uns. Um 7^h passierten wir die Stelle, wo der englische Pacific Mail Steamer Cotopaxi zu Grunde ging und die 205 Personen, die sich an Bord befunden hatten, am 18. April 1889 von unserem Kapitän aufgenommen und nach Punta Arenas gebracht wurden. Das Schiff war in acht Minuten gesunken, und das einzige, was von der Ladung geborgen wurde, waren Petroleumfässer, die zum Anmachen von grossen Feuern dienten. Lebensmittel waren nicht vorhanden, man hatte drei Tage von Muscheln gelebt, als Herr Danielsen als Retter in der Not erschien. Um 9^h gehen wir durch die English Narrows, an deren Eingang das Fahrwasser durch Landmarken und Bojen markiert wird. In diesen Engen liegt eine grosse Anzahl teils kleinerer, oft nur ein bis zwei Quadratmeter umfassender, teils grösserer, bewaldeter, malerischer Inseln, einige ganz niedrig, andere bis 100 m hoch; sie erinnern an die Thousand Islands des St. Lawrencestroms in Kanada. Hier ist etwas mehr Tierleben vertreten: Kormorane, Gänse, Bekassinen, Möwen, doch auch nicht in sehr bedeutender Anzahl. Gegen 10^h sehen wir am Eingang von Eden Harbour das Wrack eines Dampfers der Hamburger Pacific-Linie, der 1886 hier auf ein unbekanntes Felsenriff lief. Um 12^h, im Kanal östlich von Samuarez Island, sind die kahlen Felswände wieder geschliffen, Hunderte von Metern hoch ganz nackt, nur mit spärlicher Vegetation in vereinzelten Rissen. Es macht den Eindruck, als ob die Wasserstrasse hier in einem alten Gletscherthal läuft. Bei Topar Island gehen wir um 4^h in den Trinidad Channel, vor und hinter dem sich herrliche Partien erschliessen. Ich bedaure, den Blick in ein enges, baumbewachsenes Thal, mit kühnen Bergformen im Hintergrund und ausgedehnter Firnbedeckung, nicht näher und auf die photographische Platte bringen zu können. Bei sich aufhellendem Wetter fahren wir durch die herrlichen Guia Narrows und gehen um 9^h abends in Puerto Bueno vor Anker.

Am nächsten Tage waren wir um 6^h bei Carrington Island und um 8^h bei Brinkley Island, wo von Westen ein Boot mit vier Indianern, sehr zerlumpt aussehenden kleinen Gestalten, sich unserem Dampfer näherte; es wurden ihnen leere Glasflaschen zugeworfen. Wie ich hörte, waren auch in der Nacht in Puerto Bueno Indianer an Bord gekommen; sie pflegen oft wertvolles Pelzwerk gegen Kleidungsstücke einzutauschen. Gegen $9^1/_2^h$ wird bei Isthmus Bay ein grosser Gletscher mit vielen und schönen Spalten und Brüchen sichtbar, wahrscheinlich der Extensive Glacier der Karte[*]) oder ein Gletscher der Cordillera

---

[*]) Die besten Karten des südlichsten Chile sind englische, durch die Schiffe »Adventure« und »Beagle« 1828—1830 aufgenommen. Sie sind in 2 Blättern: »Magellan Strait« und »Smyth Channel to Gulf of Peñas«, London 1871, zu je 2/6 bei J. D. Potter, 31 Poultry and 11 King Street Tower Hill, zu haben.

de Sarmiento. Dann gehen wir um 10¹/₂ʰ in den südlichsten der Kanäle, den Smyth Channel, den wir in 2¹/₂ Stunden durchlaufen. Am zweiten Tage der Kanalfahrt war das Wetter ungünstiger wie am ersten, und der Nebel gestattete nicht immer den ungetrübten Anblick der Landschaft. Interessanter scheinen die nördlichen Kanäle zu sein, jedenfalls sind sie die engsten. Doch auch der südlichste Teil dieses Archipels scheint sehr schöne Partien zu haben; vom nördlichen Ausgang des Smyth Channel dürfte sich bei klarem Wetter eine herrliche Rundsicht erschliessen, wahrscheinlich bis zu den Gletschern der Cordillera de Sarmiento.

Um 1ʰ liefen wir in die Magalhãesstrasse ein, wo wir aus dem ruhigen Fahrwasser der Kanäle wieder in die bewegtere See kamen und das Tempo beschleunigten. Auch in der Strasse herrschte Nebel, doch waren beide Ufer sichtbar, auf dem südlichen um 2ʰ auch ein firnbedeckter Berg. Um 3¹/₂ʰ begegnen wir zwischen Cap Providence und Upwright dem Dampfer der Kosmosgesellschaft Ramses. Vor Cap Notch bei Field Anchorage, wo wir uns um 6ʰ befinden, ist eine hervorragend schöne Stelle der Strasse. Ein mächtiger Gletscher ergiesst sich in Form des Rhonegletschers bis zum Meer hinab, umgeben von malerischen, steil abfallenden Felspartien. Wahrscheinlich ist es der Gletscher des Mount Wyndham (1220 m). Dies war der schönste Blick, der mir auf der Fahrt zwischen Corral und Punta Arenas zu teil wurde. Auch südlich wird ein anscheinend bis zum Meer gehender Gletscher sichtbar, dann nördlich bei Borja Bay eine Reihe kühner Felsspitzen, in der Verkürzung an die Fervallgruppe (Kuchenspitze) in Tirol erinnernd. Später erscheinen südlich, in Feuerland, eine ganze Anzahl hoher, firnbekleideter Berge.

Als ich am nächsten Morgen um 4¹/₂ʰ früh auf Deck ging, fand ich das Bild wesentlich verändert: blauen Himmel und Sonnenschein anstatt des Nebels; niedrige, bewaldete Höhenzüge anstatt der Gletscher und Felsen. Um 6ʰ trafen wir vor Punta Arenas (Tafel LXI, 140) ein, an mässig geneigtem, sandigem Ufer gelegen, vor bewaldeten Höhen, die nach der Karte im 606 m hohen Mount Felton gipfeln. Während eines kurzen Aufenthalts in dem kleinen Ort hatte ich Gelegenheit, ein neues Hotel und einen sehr gut versorgten Schlächterladen kennen zu lernen, auch einen Blick in die Nummer I einer in Punta Arenas zum erstenmal erscheinenden Zeitung zu werfen. Je mehr das Land der Viehzucht erschlossen wird, desto mehr heben sich Verkehr und Handel in dieser einzigen Stadt Chiles südlich der Insel Chilöe, und scheint sie einer besseren Zukunft entgegenzugehen.

Um 1ʰ nachmittags setzten wir die Fahrt fort und liefen in drei Stunden nach Whitsand Bay, um 200 Ballen Wolle an Bord zu nehmen. Die ersten Ballen kamen gegen 8ʰ abends längsseits unseres Dampfers, so dass wir die ganze Nacht dort liegen blieben. Am 21. Januar gegen 5ʰ früh gehen wir durch die engste Stelle (narrows) der Strasse östlich von Punta Arenas. Beide Ufer, das nördliche wie das südliche, tragen westlich und östlich von Punta Arenas sehr verschiedenen Charakter: westlich liegen die landschaftlich schönen Teile, östlich ein niedriges Hügelland. An dem nördlichen, ca. 20 m hohen Ufer bemerke ich Scharen von Vögeln, an den steil abfallenden Wänden sitzend. Um 6¹/₂ʰ kommt bei Delgada Point eine bedeutende Ansiedlung mit davor in

Ladung liegender grosser Barke in Sicht. Dann folgen weitere Ansiedlungen, die alle der Schafzucht dienen. Die geschlachteten Hammel werden in gefrorenem Zustande meist nach England versandt, in mit Gefrierapparaten versehenen Schiffen.

Die See war ganz ruhig. Auffallend war die hellgrüne Färbung des Himmels, der durch einige Wolkenlücken sichtbar war, sowie die rosenrote Färbung der Ränder der letzteren. Auch Kapitän Danielsen teilte mir mit, dass er wunderbare Farbenwirkungen hier in der Strasse beobachtet habe. Nördlich erscheint der 260 m hohe Mount Aymond und bald darauf die Asses' Ears (Eselsohren). Die Ufer sind nördlich bald flach, bald steil, bei Cap Possession, das wir um 9^h erreichen, eine Strecke lang über 50 m hoch; auch Dünenwälle treten auf. Um $11^1/_2{}^h$ sehen wir bei Cap Dungeness, in diesen für die Schiffahrt gefährlichen Gewässern, das dritte Wrack eines verunglückten Schiffes, der gestrandeten Kleopatra.

Bald darauf gehen wir in den Atlantischen Ocean, der uns ruhig und freundlich empfängt. Während der ersten Tage unseres Aufenthalts in demselben war der Himmel mehr oder weniger bewölkt, die See zuweilen etwas bewegter. Die Temperatur der Luft, die sich östlich von Punta Arenas während des ganzen Tages, von 4^h morgens bis 10^h abends, um $9^1/_2{}^0$ bewegte, fing allmählich an zu steigen und betrug am dritten Tage, den 24. Januar, um 2^h nachmittags $+15^1/_2{}^0$, bei fast wolkenlosem Himmel. An diesem Tage befanden wir uns um 12^h mittags auf $43^0\,15',5$ s. Br. und $60^0\,15',5$ w. L. Eine gute Stunde später durchfahren wir den Aufenthaltsort zahlreicher Möwen und Albatrosse, von denen einige dicht bei dem Schiffe sitzen bleiben und demselben kaum Platz machen. Auch um 3^h sehe ich östlich über Steuerbord eine grosse Anzahl von Seevögeln, wie ich sie auf offenem Meer noch nie so zahlreich beisammen gesehen habe. Sie schwärmten über eine sehr bewegte Stelle des Meeres, aufgeregt durch Schweinsfische, die trotz der Entfernung auf unseren Dampfer aufmerksam wurden, sich ihm in schnellem Laufe näherten und eine Zeitlang neben ihm wie Torpedos herschossen. Je nördlicher wir kamen, desto wärmer wurde es. Am 26. Januar zeigte das Thermometer morgens 22^0, 3^h mittags 25^0, 9^h abends 27^0. Um 6^h abends desselben Tages kam der westlich von Montevideo gelegene Cerro (148 m) in Sicht, und um $9^1/_2{}^h$ gehen wir auf der Reede dieser Stadt vor Anker.

Am nächsten Morgen verliess ich die deutsche Isis, auf welcher der Aufenthalt dank der Liebenswürdigkeit ihres erfahrenen Führers und der Sorgfalt, welche die Leitung der Kosmosgesellschaft auf ihren Schiffen den Reisenden angedeihen lässt, ein höchst angenehmer war, und liess mich durch den kleinen Agenturdampfer an Bord der argentinischen Venus bringen, um mit ihr die nächtliche Fahrt nach Buenos Aires zu machen. Die letztere wurde pünktlich um $6^1/_2{}^h$ abends angetreten, und eine halbe Stunde später rief die Glocke die Reisenden in den grossen, glänzend erleuchteten Speisesaal, an dessen Tischen den 250 Personen ein mehr quantitativ, weniger qualitativ ausgezeichnetes Mahl gereicht wurde. Die Fahrt war klimatisch, in der lauen Luft, unter dem dunkelblauen, gestirnten Himmel, sehr schön und erreichte am nächsten Morgen um 5^h in Buenos Aires ihr Ende.

VIII.

Von Valparaiso nach Panamá und Europa.

Während über die südliche Küste Chiles, in einer Ausdehnung von 15 bis 20 Breitegraden, Regen das ganze Jahr hindurch fällt und das Land dort zu den regenreichsten der Erde gehört, erstreckt sich an der Küste nördlich von Valparaiso eine Zone, über 20 und mehr Breitegrade, die regenarm, ja fast frei von Niederschlägen ist; dort die üppigste Vegetation und blühender Ackerbau und Viehzucht, hier so gut wie keine Vegetation und Wüstencharakter. Aber in dieser Wüste herrscht trotzdem ein ungemein reges Leben, und der Schiffsverkehr an dem Ufer derselben ist bedeutender wie derjenige im Süden. Der Bergbau ist es, der den Menschen in diese Wüste bannte und am Meere zur Gründung von Städten führte, wie sie in ähnlicher Lage sich kaum wieder auf der Erde finden dürften.

Die Fahrt von Valparaiso nach Panamá nimmt ungefähr einen Monat in Anspruch. Die Küstendampfer laufen die bedeutendsten Orte an, die fast alle ihre mehr oder weniger lange Eisenbahnverbindung mit den Bergwerksdistrikten des Innern haben. Nirgends aber ist dem Reisenden, wenn er nicht einen Dampfer überschlagen will, die Zeit und Möglichkeit gegeben, in das interessante Innere vorzudringen; nur Callao-Lima macht in dieser Beziehung eine Ausnahme. Von den 21 Plätzen, welche unser Dampfer auf seiner Fahrt berührte, liegen zehn in den fünf nördlichsten Provinzen Chiles: Coquimbo, Atacama, Antofagasta, Tarapacá und Tacna, zehn in der Republik Perú, ein Hafen in Ecuador. Von den drei nördlichsten chilenischen Provinzen, die nach dem Kriege mit Bolivien und Perú 1884 annektiert wurden, ist Antofagasta die frühere bolivianische Provinz Mejillones; die beiden anderen wurden von Perú abgetreten. Durch den Verlust seiner Provinz wurde Bolivien vom Meere abgeschnitten, während Perú mit der Provinz Tarapacá die reichsten Salpeterlager, auf der Pampa de Tamarugal, verlor. Sehr bezeichnend heisst der Krieg, welcher diese Verschiebungen herbeiführte, der »Salpeterkrieg«.

Der Dampfer, mit dem ich Mitte Mai Valparaiso verliess, brachte uns in 18 Stunden bei trübem Wetter nach Coquimbo, in dessen Bucht sich mächtige Seelöwen tummelten, und chilenische Kriegsschiffe vor Anker lagen. Da wir hier fünf Stunden liegen blieben, benutzte ich die Zeit zu einem Spaziergang durch die Wüste nach dem auf der anderen Seite der Landzunge gelegenen Guaycan, wo die Dampfer häufig Kupfer laden. Bei prächtigem Wetter wurde am zweiten

Tage Caldera, Provinz Atacama, erreicht, wo wir ebenfalls fünf Stunden liegen blieben. Als Sehenswürdigkeit nannte man mir hier den Kirchhof, und dieser stille, nur wenige Quadratmeter grosse Fleck inmitten einer überhitzten Wüste, ohne kostbare Denkmäler, aber mit dem Duft einer sorgfältig gepflegten Vegetation und kühlem Schatten unter derselben, erschien in der That als der geeignetste Ort für ein Gefilde der Seligen. Am dritten Tage erreichten wir Antofagasta, ein Städtchen von 7600 Einwohnern, dessen Anblick vom Meer auf Tafel LXV, 150—152 wiedergegeben ist, und welches Ausgangspunkt für die über Ascotan auf das bolivianische Hochland nach Oruro und La Paz führende Eisenbahn ist. Der an der ganzen nördlichen Westküste heimische graue Pelikan, Pelicanus Thagus, ist hier sehr zahlreich vertreten. In mehreren Exemplaren hintereinander fliegend oder auf meerumbrandeten Felsriffen sitzend, ist dieser Vogel für die dortigen Ufer eine sehr charakteristische Staffage (Tafel LXVI, 157). Um 12^h fing der bis dahin klare Himmel an, sich zu bewölken, und bald war die Bucht von Antofagasta mit einem Kranz von Wolken umzogen, die gegen das Gebirge zogen. Diese Erscheinung wiederholte sich auch häufig auf der weiteren Fahrt, und ich wurde durch sie jedesmal an das fast täglich im Hochgebirge sich einstellende Schneegestöber erinnert. Eine zwölfstündige, nächtliche Fahrt brachte uns nach Tocopilla, auf schmalem Uferrande an steil abfallender Küste gelegen (Tafel LXV, 153—155). Die Lage der Stadt macht ihr gänzliches Verschwinden in dem Erdbeben von 1877 erklärlich; sie wurde vollständig weggeschwemmt. Vor Iquique in der Provinz Tarapacá verweilte unser Dampfer einen ganzen Tag. Das Wetter war, wie auf der bisherigen Fahrt, auch hier sehr schön, die Luft wunderbar. Oestlich von Iquique befinden sich die bedeutendsten Salpeterlager, die durch die Eisenbahn Iquique— Pampa Tamarugal—Pisagua aufgeschlossen sind. Hinter Iquique tritt das Steilufer etwas zurück, und an seinem Hange steigt die Salpeterbahn in grosser Kurve gegen das Innere hinauf (Tafel LXVI, 156). Ein an den kahlen Höhen langsam aus der Wüste herabkommender Eisenbahnzug macht einen ganz eigentümlichen Eindruck. Die Stadt zeichnet sich durch einen sehr lebhaften Pferdebahnverkehr aus, der besonders nach einem südlich gelegenen kleinen Badeort führt. Wie fast überall in Chile, sind die Pferdebahnschaffner auch hier meist sehr sauber gekleidete Mädchen (Tafel LXVII, 158, 159). Iquique wurde durch das nach ihm benannte Erdbeben 1877 ebenfalls zerstört. Am 9. Mai, kurz nach 8^h abends, machten sich ca. 4 Minuten lang dauernde, vertikale Erdstösse und Oscillationen von NW. nach SO. fühlbar, was zur Flucht in die Ebene hinter der Stadt veranlasste. Dann stürzte sich das Meer wiederholt in das Centrum der letzteren, in welche die Bewohner erst am nächsten Tage wieder zurückkehrten. Von dieser Flutwelle hatten die nördlichen Küstenplätze bis Arica hinauf ebenfalls mehr oder weniger zu leiden. Auch das einstrassige Caleta, unser nächster Landungsplatz, hat kaum Raum auf dem schmalen Uferrand zwischen Steilküste und Stillem Ocean (Tafel LXVIII, 160, 161). Auf dem Bilde 160 sind die Drahtseilbahnen sichtbar, welche hier den Salpeter an die Küste befördern. Sie waren am Tage unserer Ankunft durch das Reissen eines Seiles der Schauplatz eines entsetzlichen Unglücksfalls gewesen, dem sechs Männer und ein zwölfjähriges Mädchen zum Opfer fielen. Das untere, für die Landschaft charakteristische Bild 161 ist die rechte Fortsetzung des oberen.

Ueber Junin und dem malerisch mit seinen buntbemalten Häusern an steilem Ufer gelegenen Pisagua kommen wir nach Arica. Die kleine, 4000 Einwohner zählende Stadt ist mit der gleichnamigen Hauptstadt der Provinz Tacna durch Eisenbahn verbunden und Ausgangspunkt des über den schönen Tacorapass nach La Paz und Oruro führenden Weges. Hier wird das Auge wieder durch Vegetation auf der bei der Stadt liegenden Ebene erfreut. Ueber die die letztere begrenzenden, kahlen Vorberge erscheinen von Nord nach Ost fünf hohe Firnhäupter der vulkanischen Küstenkordillere. Hinter der Stadt ging der Wind so stark, dass der photographische Apparat einen unbewachten Augenblick benutzte und die Beine gegen den Himmel streckte. Infolgedessen wurden die Aufnahmen, da die Schiene, mittels welcher meine Camera auf dem Stativ befestigt wurde, sich verbogen hatte, unscharf. Das später auf dem Schiff genommene Bild 162 (Tafel LXIX) zeigt den südlich von der Stadt gelegenen Morro de Arica, auf welchen sich die Einwohner während des Erdbebens von 1877 vor der Flutwelle geflüchtet hatten. Auch auf der weiteren Fahrt nach den peruanischen Ilo und Mollendo werden hinter kahlen Vorbergen hohe Schneegipfel sichtbar. Mollendo (Tafel LXX, 164, 165) ist ebenfalls Ausgangspunkt einer Andenbahn, die über das von den Vulkanen der Küstenkordillere umgebene Arequipa nach Puno am Titicacasee führt. Dampfschiffe vermitteln auf dem letzteren den Verkehr gegen La Paz und die Bahn nach Antofagasta. Vor Chala luden wir den ganzen Tag lebende Ochsen, was sehr langsam von statten ging, da immer nur eine Lancha entladen wurde. Um die Hörner der Tiere wurde ein Tau geschlungen; an diesem wurden sie dann an Bord gewunden (Tafel LXIX, 163). Die Ladungen der von Valparaiso nordwärts fahrenden Dampfer bestehen namentlich aus lebendem Vieh, für die chilenischen Salpeterhäfen, die kein fruchtbares Hinterland besitzen, auch aus riesigen Mengen vegetabilischer Nahrungsstoffe. Die Ausdünstung und der starke Ammoniakgeruch, der von den Tieren ausgeht, trägt nicht zur Annehmlichkeit der Reise bei und wird bei ruhiger Luft zuweilen peinlich. Die von Valparaiso mitgenommenen Ochsen waren meist in Iquique ausgeladen worden, die in Chala verladenen waren für Callao bestimmt.

Die Chinchasinseln hindurchgehend, erreichten wir den traurigen Flecken Pisco, halb in Ruinen, aber in verhältnismässig fruchtbarer Umgebung und Verschiffungshafen für den Traubenbranntwein von Ica, mit dem es durch eine Eisenbahn verbunden ist. Dieser Branntwein ist in metergrossen, thönernen Gefässen enthalten, von der Gestalt antiker, henkelloser Amphoren. Sie laufen in eine Spitze aus und haben ein ganz gefälliges, aber wenig handliches Aussehen; doch wissen die Arbeiter trotz ihres Gewichts sehr geschickt mit ihnen umzugehen. Nach ihrem Verschiffungshafen heissen sie Piscos. In Tambo de Morra, wo wir kurze Zeit hielten, entsandte der bewölkte Himmel einen kurzen, feinen Sprühregen; dann trafen wir morgens früh vor Callao, dem Hafen Limas, ein. In einer halbstündigen Eisenbahnfahrt erreicht man die Hauptstadt Perús. Man erhält auf dieser Fahrt ungefähr den Eindruck, als ob man von der Ebene in die Vorberge der Alpen gelangt, nur dass die Berge hier ganz unbewaldet sind. Auf der Thalsohle wird etwas Ackerbau getrieben. Von Lima führt eine höchst sehenswerte Gebirgsbahn in das Innere nach Oroya; leider gingen die Züge damals nur zweimal wöchentlich, und der achtundvierzigstündige Ausflug konnte daher nicht ausgeführt werden.

Im Vergleich mit den Hauptstädten Chiles und Argentiniens macht die Hauptstadt Perús einen viel originelleren Eindruck auf den Fremden wie erstere. Jener ist, wenn man so sagen darf, allgemein europäisch, dieser mehr spanisch; der letztere Charakter offenbart sich auch in den in Lima noch stattfindenden Stiergefechten. Ich wohnte einem derselben bei und wurde insofern angenehm überrascht, als hier das Spiel der berittenen Picadores und die Pferdeschlächterei wegfällt. Auf der Pyrenäischen Halbinsel bildet letzteres den entsetzlichsten Teil des blutigen Schauspiels. Hier wurde dieses Spiel ersetzt durch einen vorzüglichen Reiter auf vorzüglichem Pferde. Es war höchst interessant, zu beobachten, mit welcher Ruhe, die Ohren gespitzt, das kluge Pferd der Gefahr entgegenging; und die Geschicklichkeit, mit der es blitzschnell, gut geführt, den Stössen des durch die Capa gereizten Stieres auswich, war bewundernswert. Das Spiel der Banderilleros, die dem Stier die mit Bändern und Papier geschmückten Widerhaken über dem Kopf in den Rücken stossen, und dasjenige des Espadas, der ihn mit roter Capa (Mantel) reizt und derartig tötet, dass er ihm den Degen über dem Kopf durch die Schultern, bis an das Heft ins Herz stösst, war das gleiche wie in Spanien. Einer der Espadas wurde von dem Stier zu Boden geworfen, erst im Oberschenkel und hierauf von dem zu ihm zurückkehrenden Tier in der Hüfte verwundet; dann gelang es, ihn aus der Arena zu bringen. Diese letztere war vollständig gefüllt, und wenn auch nicht in so glänzendem Rahmen, spielte sich der Vorgang doch in derselben Weise und unter gleich lebhafter, so charakteristischer Teilnahme des Publikums für die Kämpfer und ihre armen Opfer ab, wie in Madrid und Sevilla. Ein Spaziergang führte mich über den Paseo de los Descalzos, eine in der Nähe eines Klosters der Barfüssermönche gelegene, gärtnerische, mit Statuen geschmückte Anlage, auf die einige hundert Fuss hohe Anhöhe San Christobal, welche einen vorzüglichen Blick auf die Stadt und Umgebung bietet. Die Kathedrale, der Kirchhof mit Denkmälern und gärtnerischen Anlagen, die Exposicion mit hübschem, öffentlichem Garten und ein Chinesenviertel gehören zu den weiteren Sehenswürdigkeiten Limas. Eine sehr reichhaltige, hochinteressante Privatsammlung peruanischer Altertümer lernte ich unter liebenswürdiger Führung ihres Besitzers, des Herrn Gretzer, kennen.

Nach fast dreitägigem Aufenthalt vor Callao führte uns unser Dampfer bei bewegterer See, bewölktem Himmel und trotz der Nähe des Aequators kühler Witterung weiter nach Salaverry, dem Hafen von Trujillo, in öder Landschaft, nach Pacasmayo und Eten, wo der Seegang so stark war, dass die Kette riss, und der Anker verloren ging. Trotz der mächtigen Wellen war die Bewegung an Bord des Schiffes eine so allmähliche und regelmässige, dass keiner von den Reisenden, die mit mir später den Atlantischen Ocean kreuzten und dort alle der Seekrankheit zum Opfer fielen, darunter zu leiden hatte. Ueber Payta, den

Hafen von Piura, erreichten wir dann die Mündung des Guayas und in ca. zwölfstündiger Fahrt flussabwärts den Haupthafen Ecuadors, Guayaquil. Um die tropische Vegetation hier kennen zu lernen, machte ich mit einem Reisegefährten einen Spaziergang, auf dem wir nach einer kleinen Bierbrauerei gelangten. Auf der Veranda am Fluss sitzend, lernten wir den Vorsteher dieser Cervezeria kennen und empfingen von demselben, einem Deutschen, den ersten Gruss aus der Heimat in Gestalt von sauren Gurken, die der Herr im Kühlraum der Brauerei seinen Landsleuten vorsetzte. Das war allerdings ein Gewächs, welches wir unter den Tropen am wenigsten zu finden dachten, und will ich wünschen, dass seine Kultur und Pflege durch das grosse Feuer, welches Guayaquil inzwischen heimsuchte, nicht gelitten hat. Ein ungemein lebhaftes und buntes Treiben entwickelte sich auf der am Fluss liegenden, den Landungsplatz für die Schiffe bildenden Strasse. Verschiedene Pferdebahnlinien vermitteln den Verkehr. Die 51 000 Einwohner zählende Stadt besitzt eine 92 km lange Eisenbahn in das Innere, die auf das Hochland von Quito, zur Hauptstadt des Landes weiterzuführen, schon längere Zeit ein frommer Wunsch ist.

In Guayaquil endet die Küstenfahrt. Auf der dreitägigen Fahrt nach Panamá verschwindet die Küste aus Sehweite. Wir hatten während derselben schwüles Wetter und ein nächtliches Gewitter. Der kleine Dampfer, welcher uns vor Panamá an Bord nahm und an die Stadt beförderte, zeigte unter Europäern und Nordamerikanern eine bunte Gesellschaft von Negern und Chinesen. Der erste Blick, den man hier auf der Grenze zwischen Nord- und Südamerika erhielt, verriet aber doch in Kleidung und Wesen den Einfluss des Nordens, der sonst in Südamerika ganz zurücktritt und eher durch den europäischen ersetzt wird. Auch in der Stadt ist das sehr gut gehaltene Hotel Central ganz nordamerikanischen Stils, das dort verzapfte Bier aus St. Louis oder Milwaukee. Von unseren Mitreisenden begaben sich verschiedene Engländer, Angestellte der Salpeterlager bei Iquique, sofort mit der Bahn über den Isthmus nach Colon, wo der Dampfer auf sie wartete, der sie nach New York brachte. Von hier haben sie dann stets eine schnelle Verbindung mit England. Es ist dieser Weg der angenehmste zwischen dem Isthmus und Europa, der am wenigsten Zeit in Anspruch nimmt. Allerdings sind die im Frühjahr von New York nach Europa laufenden Dampfer häufig überfüllt, und unsere Reisegefährten hatten infolgedessen sich auf telegraphischem Wege Platz gesichert. Der Royal Mail-Dampfer, den ich benutzte, gestattete einen zweitägigen, etwas schwülen Aufenthalt in Panamá. So lernte ich die Boca, die Mündung des verkrachten Kanals, der den Atlantischen mit dem Stillen Ocean verbinden soll, kennen. Grosse Massen von Baggern, Lokomotiven, Röhren, Karren und sonstigen Utensilien für den Kanalbau lagen hier aufgespeichert. Alle diejenigen Teile, welche durch Witterungseinflüsse hätten leiden können, waren sorgfältig mit Oelfarbe überzogen, und das Material machte durchaus keinen verwahrlosten Eindruck. Auch einer Villenkolonie der Fremden von Panamá, Savannah, in hübscher Parklandschaft gelegen, statteten wir einen Besuch ab. Auf der zweistündigen Eisenbahnfahrt nach Colon wird der Kanal häufig sichtbar, ebenso an verschiedenen Punkten ungeheure, auch hier gut gepflegte Mengen von Materialien.

Am Kanal wurde etwas gearbeitet, wie ich hörte, um die von der Columbianischen Regierung gegebene Konzession nicht verfallen zu lassen. Wer die Anfänge zu dem Kanalbau gesehen hat, wird den Wunsch hegen, dass es gelingen möge, die finanziellen und technischen Schwierigkeiten zu überwinden und die Idee der Verbindung der beiden Meere zu verwirklichen. Der angenehme Eindruck, den die Stadt Panamá macht, wiederholt sich nicht mit Bezug auf Colon. Auch in klimatischer und gesundheitlicher Beziehung sind die Städte sehr verschieden. In Panamá erfreuen sich auch die dort wohnenden Fremden des besten Wohlseins; Colon ist ein Fieberherd. Auf der in die Bucht hinausragenden, mit Palmen bestandenen Halbinsel befinden sich zahlreiche hübsche, jetzt leerstehende Holzhäuser für die Angestellten der Kanalgesellschaft. Diese Häuser, von verschiedenen Grössen, einige davon in sehr gefälligem Villenstil, werden allerdings dem feuchten Klima bald zum Opfer fallen.

Während wir in Panamá stets Sonnenschein hatten, goss es bei unserer Abfahrt von Colon in Strömen. Die Royal Mail-Dampfer gebrauchen für die Fahrt nach Europa ungefähr 19 Tage. In nicht ganz zwei Tagen erreichten wir Kingston auf Jamaica und blieben dort ebenso lange liegen. Die von Palmenwipfeln überragte Stadt, mit zahlreicher schwarzer Bevölkerung und lebhaftem Verkehr in den Strassen, zeichnet sich, selbst für eine englische Kolonie, durch erstaunlich viele Kirchen und Kapellen aus. Wie in allen englischen Niederlassungen findet sich auch auf Jamaica eine, wenigstens soweit ich sie kennen lernte, in der Nähe von Kingston vorzügliche Strasse, die bis »half-way tree« von der Pferdebahn befahren wird und dann zu einem grossen Gasthaus führt — »constant spring« —, das von Engländern und Amerikanern während der Wintermonate als Sanatorium besucht wird. Ein kleiner Ausflug mit der Eisenbahn und Seebäder bei den am Myrtle Bank Hotel gelegenen Marine Gardens gehörten zu den Annehmlichkeiten unseres Aufenthalts. Nach halbtägiger Fahrt von Kingston kommt die bewaldete Küste Haïtis in Sicht, die wir einen halben Tag lang hinauf fahren. Eine Stunde Aufenthalt hatten wir vor Jacmel, wo Reisende und Post durch die Schiffsmannschaft gelandet und eingenommen werden. Dann erreichten wir in drei Tagen Barbados, wo wir zwölf Stunden Musse hatten, das sehr interessante Inselchen kennen zu lernen. Dasselbe ist doppelt so dicht bevölkert wie Belgien. Die Hauptstadt an seiner Südwestseite, Bridgetown, macht einen ausserordentlich sauberen und freundlichen Eindruck. Sehr hübsche Häuser mit netten Gärten, prächtige Strassen mit ausgemauerten Rinnsteinen, Kasernengebäude an grossem, freiem, mit Bäumen eingesäumtem Platz, eine Promenade am Meer: geben der Stadt und ihrer Umgebung das gefällige Aussehen, welches sich so häufig in den englischen Kolonien wiederfindet. Die kleine Insel ist der Mittelpunkt für die nach den Küsten Centralamerikas, Westindiens und des nördlichen Südamerika laufenden Dampferlinien, und der Royal Mail-Dampfer nimmt hier die von jenen Küsten nach Europa bestimmten Reisenden an Bord. Wir wurden denn auch ziemlich gefüllt, so dass sich in der ersten Kajüte 111 Reisende, zu denen 26 Kinder mit 10 Dienstboten gehörten, in der zweiten Kajüte 6, in der dritten 13 Reisende, mit Offizieren und Mannschaft zusammen 292 Personen an Bord befanden.

Nach der Abfahrt von Barbados wurde die im Caraibischen Meer bisher sehr hohe Lufttemperatur kühl, die See, auf der sich viel in Schlangenform treibende Vegetation bemerkbar macht, sehr bewegt, fast die ganze Reisegesellschaft seekrank. Nach sechs Tagen fuhren wir bei den beiden westlichsten Azoreninseln vorbei, deren entferntere in Wolken gehüllt war, während auf der zweiten an hohen, begrasten Felshängen vereinzelte Bäume, weidendes Rindvieh und Schafe durch das Glas deutlich sichtbar waren. Am Abend des zehnten Tages unserer Fahrt von Barbados sahen wir die beiden grossen elektrischen Feuer von Lizzard und waren um 2^h nachts in der Bucht von Plymouth. Hier wurden mit bewundernswerter Schnelligkeit in zwei Stunden der grösste Teil der Reisenden und die Post auf kleine Dampfer übergesetzt. Um 4^h bereits gingen wir in sechs Stunden über den Kanal nach Cherbourg, wo die für den Kontinent bestimmten Reisenden an einen kleinen Dampfer abgegeben wurden. Eine sechsstündige Eisenbahnfahrt brachte mich durch die herrliche Normandie um Mitternacht nach Paris.

ANHANG.

Litteratur.

Ich gebe hier einige Werke an, welche über einzelne, auf der Reise berührte Teile Südamerikas eingehend berichten:

Paul Güssfeldt, Reise in den Andes von Chile und Argentinien. Gebrüder Paetel, Berlin 1888. Dr. Hermann Burmeister, Reise durch die La Plata-Staaten. H. W. Schmidt, Halle 1861. Richard Napp, Die Argentinische Republik. Buenos Aires 1876 (häufig antiquarisch). Alfred Stelzner, Beiträge zur Geologie und Palaeontologie der Argentinischen Republik. Teil I. Theodor Fischer, Kassel-Berlin 1885. Professor Dr. Ludwig Brackebusch, Kordillerenpässe. Zeitschrift der Gesellschaft für Erdkunde. Band 27 No. 4. W. H. Kühl, Berlin 1892. Avé Lallemant, Boletin del Instituto Geográfico Argentino X. Buenos Aires. F. Latzina, Géographie de la République Argentine. Felix Lajouane, Buenos Aires 1890 (auch in spanischer Sprache). E. W. Middendorf, Peru. Band I: Lima, II: Küstenland, III: Hochland (auch von Bolivien). Oppenheim (Gustav Schmidt), Berlin 1895. Professor Dr. Wilhelm Sievers, Amerika. Eine allgemeine Landeskunde. Bibliographisches Institut, Leipzig und Wien 1894.

Instrumente.

Aneroide. Auf der ersten Reise wurde ein Taschen-Aneroid von Otto Bohne, Berlin, Prinzenstrasse 90, und das Goldschmid-Aneroid No. 3826 verwandt. Das erstere, kompensiert, 67 mm Durchmesser, bis 7000 m 95 Mk., war etwas empfindlich gegen seitlichen Stoss. Weniger empfindlich, doch etwas schwer sind die grossen Bohne'schen Aneroide, 130 mm, 140 Mk., von denen No. 2080 auf der zweiten Reise verwandt wurde. Das Kompensieren dieser Instrumente ist kein vollständiges; sie müssen vor der Reise unter verschiedenen Temperaturen und bei wechselndem Druck geprüft werden; das besorgt z. B. die physikalischtechnische Reichsanstalt zu Charlottenburg bei Berlin. Die Goldschmid-Aneroide von Usteri-Reinacher (Hottinger) Zürich, Trittligasse 36, erfordern eine besondere Einstellung und sind etwas umständlicher zu behandeln. Anfertigung mit 45 mm Durchmesser und 35 mm Höhe zu 110 Francs, mit 80 : 70 mm zu 160 Francs, bis zum Luftdruck von unter 300 mm. Instrument 3826 war von letzterer Grösse. Beide Instrumente müssen vor starken Stössen bewahrt und öfters mit den Siedethermometern verglichen werden; sie haben mir vorzügliche Dienste geleistet. Das Goldschmid-Aneroid wurde bei den Bergbesteigungen mitgeführt, das Bohne'sche als Stationsbarometer im Lager gelassen.

Bestimmung der Siedetemperatur des Wassers. Auf der ersten Reise wurde ein Hypsometer verwandt von R. Fuess, Steglitz bei Berlin, Düntherstr. 7, Apparat 54 Mk., Siedethermometer 21 Mk.; auf der zweiten Reise ein Hypsometer von L. E. Baudin, Paris, Rue St. Jacques 276, Apparat (l'appareil d'ébullition en fer-blanc) 20 Francs, Siedethermometer (thermomètre hypsométrique) 50 Francs. Der unverwüstlich hergestellte Fuess'sche Apparat entspricht im Zelt, auf den Tisch gestellt, jeden Anforderungen, namentlich in den Tropen, da er gar keine Holzteile enthält; für das Hochgebirge, unter oft schwierigen klimatischen und örtlichen Verhältnissen, ist er nicht recht geeignet. Herr Fuess beabsichtigt einen neuen, handlichen Apparat für Verwendung im Hochgebirge herstellen zu lassen. Die Fuess'schen Thermometer sind im Baudin'schen Apparat verwendbar.

Kompass. Für die Peilungen wurde ein Prismenkompass von 7 cm Durchmesser verwandt, sogenannte Schmalkalder Boussole, mit Klinometer (Bakers Patent), bezogen von A. Meissner, Friedrichstr. 71, Berlin, 82 Mk. Bei diesem System schwingt die auf Aluminium-Ring befindliche Teilung (in halbe Grade) mit der Nadel. Da aber das Arretieren des Kompasses durch Umlegen des Visiers geschieht und bei Benutzung des Klinometers das Visier aufgeklappt wird, Nadel und Ring dann in vertikaler Lage hängen, ist die Zusammenstellung für die Lagerung der Magnetnadel unvorteilhaft. Daher ist es zweckmässiger, von dem Klinometer abzusehen und den grösseren Kompass von 8,5 cm Durchmesser ohne dasselbe, 70 Mk., zu nehmen. Genauer als Peilungen mit der Hand werden diese auf dem Stativ des photographischen Apparats, welcher zu diesem Zweck einen Aufsatz, mit Kugelgelenk für das Klinometer, erhalten hatte. Ich möchte hier noch auf einen kleinen Theodolit aufmerksam machen, der nach Angaben des Professors Dr. Doergens von der Firma Meissner angefertigt wird. Die Kreise desselben haben 8 cm Durchmesser, und können halbe Minuten noch geschätzt werden. Das Stativ, zerlegbar, aus metallenen Rohrstäben, wäre auch für den photographischen Apparat sehr geeignet und gestattet schnelles Horizontieren. Das Instrument kostet 294 Mk. und wiegt mit Stativ 4,5 kg. Ein derartiger Theodolit, ein Prismen- oder guter Taschen-Kompass, Aneroide, Hypsometer, Siede-, Schleuder- und Extrem-Thermometer, der photographische Apparat (alles, die Thermometer auch innerhalb der Hülsen gut verpackt): scheinen mir für Unternehmungen im Hochgebirge die geeignetsten Instrumente zu sein, deren Bedienung die Zeit e i n e s Reisenden noch gestattet.

Photographie.

Es wurde eine Camera 13:18 mit quadratischem Harmonikabalg verwandt. Für derartige Reisen, wo der Apparat wochenlang auf Meereswellen und Maultierrücken herumgeschaukelt wird, muss derselbe besonders haltbar hergestellt werden. An Kassetten wurden eine Wechselkassette von Grundmann-Leipzig zu zwölf Platten und vier Doppelkassetten benutzt. Namentlich bei Verwendung der ersteren und bei weit ausgezogener Camera empfiehlt sich in der meist sehr bewegten andinen Luft auch die Verwendung einer Camerastütze, welche vor Schwankungen schützt. An Platten wurden verwandt: Für Tropen präparierte Platten von Kleffel (Berlin, Potsdamerstr.), Erithrosynsilberplatten von Schippang (Berlin, Prinzenstr.) und Films von Perutz (München, Dachauerstr.). Von der ersten Reise übriggebliebene Platten wurden wieder mitgenommen auf die zweite Reise. Eine über ein Jahr alte Kleffelplatte, die dreimal, nur in der Pappschachtel, den Aequator überschritten hatte, und eine orthochromatische Schippangplatte, eingelötet, gleich alt, ebenfalls dreimal über die Linie gereist, nach der Belichtung wochenlang, nur in der Pappschachtel, durch die Hochgebirgsthäler der Anden geschleppt, beide in Mendoza entwickelt, gaben vorzügliches Resultat. Eine Schippangplatte, die nur zweimal über die Linie gegangen war, in Tirol auf hohem Berge bei schönem Wetter belichtet, dann wohl von der feuchten Luft der Thäler beeinflusst, zeigte auf dem sehr schön und plastisch gezeichneten Bilde zahlreiche schwarze Punkte. Das spricht für die Trockenheit der Luft in den Anden. Eine Anzahl Platten und Häute wurden in Mendoza eingelötet und erst neun Monate nach ihrer Belichtung in Berlin entwickelt. Die Platten reagierten wie gewöhnlich; die Films waren sehr ausgetrocknet; es empfiehlt sich in ähnlichem Falle, sie ca. 3 Stunden in destilliertem Wasser einzuweichen. Vorzügliche Resultate erzielte ich später auch mit Films von der M. A. Seed Dry Plate Company, 2005 Lucas Place, St. Louis, Mo., Nordamerika; sie ersetzen die Glasplatten fast vollständig. Das Wechseln der Platten und Häute geschah im Zelt mit Hilfe der kleinen, schirmförmigen Dunkelkammer, Voyageur, in die man Kopf und Hände steckt. Als Objektiv wurde ein Goerz'sches Doppelanastigmat F. 7,7 No. 3, Brennweite 210 mm, verwendet, und wurden bei kleinster Blende (F. 62,384) alle Schichten $1^1/_2$, die orthochromatische Platte mit dunkelster Gelbscheibe 15 Sekunden belichtet. Mit halber Linse wurde 6 Sekunden belichtet. Die Bilder 111 und 117 sind mit ganzer, die Bilder 112 und 118 mit halber Linse genommen. Für die Belichtung wurden der Verschluss Le Constant und der Chronograph der Uhr benutzt; die Mitnahme eines zweiten Verschlusses ist ratsam; bei den mit dem Objektivdeckel gemachten Aufnahmen wurde die Zeit nicht so genau getroffen. Der Apparat wurde eingehüllt in ein lichtdichtes Tuch, aus doppelt genommenem Stoff zusammengenäht, 1 m lang, über 1 m breit, längsseits mit Schnurren, breitseits mit Knöpfen versehen. Um das Objektiv wurde die Schnurre zugezogen, um dadurch etwaige Sprünge im Objektivbrett unschädlich zu machen. Auf beiden Reisen erhielt das letztere Sprünge, trotzdem es aus Teakholz hergestellt war. Bild 60, das ohne sorgfältige Umhüllung des Apparates aufgenommen wurde, liefert den Beweis dazu. Schwarzes Wachs, das im Auslande bei den Schuhmachern erhältlich ist, heilt derartige Schäden. Ein Paar am Apparat leicht anzubringende Maassstäbe machen die Aufnahmen zu Photogrammen, welche für die Herstellung der Karte von Wert sein können (vgl. z. B. Schiffner, Photographische Messkunst, Knapp, Halle a. S. 1892).

Ausrüstung.

Das mitgeführte Zelt war ein Whymper-Zelt, ca. 6 £, von Carter, London. In einem entsprechend grossen, sehr starken Sack kann es, einfach zusammengeklappt, auf die Maultiere verladen werden; ohne Umhüllung reibt es so sich bald durch. Gegenstände wie Eispickel, Schneebrillen, Rucksäcke, Bergstiefel, Kochgeschirr, warme Kleidung etc. etc. wurden von Europa mitgenommen. Die Bekleidung für die Tiere liefern die Arrieros; für sein eigenes Reittier erhält man die Bekleidung bei einem deutschen Sattler Mendozas für ca. 60 Pesos. Der Proviant wurde in Mendoza von dem Bazar Argentino des Herrn Puga, Calle San Martin, entnommen. Bei der Auswahl der Leute ist Vorsicht und Erkundigung nach ihrem Charakter empfehlenswert. Den Peonen bei guten Leistungen Aussicht auf Belohnung zu machen und dieselbe ihnen dann gleich nach vollbrachter That auszuhändigen, trägt zur Förderung der Zwecke bei. Einen erprobten Bergführer wird man unter den Leuten gegenwärtig noch nicht finden. Sehr gute Gänger sind die Quechuas im nördlichen Argentinien. Im allgemeinen ist der argentinische Peon vielleicht energischer und geeigneter, die unbetretenen Höhen seiner heimatlichen Berge zu erklimmen, als man gewöhnlich anzunehmen geneigt ist.

Zur Kartenskizze.

Den Verlauf der im Text geschilderten Reise wird der Leser auf jedem Hand- oder Taschenatlas verfolgen können. Zwischen Mendoza und Valparaiso giebt der nach Brackebusch auf Tafel LXXI eingezeichnete Kartenausschnitt nähere Einzelheiten. Die kleine Kartenskizze der südwestlichen Aconcaguathäler wurde nach den zahlreichen, gut stimmenden Peilungen hergestellt, das Gelände nach den vorliegenden photographischen Aufnahmen eingezeichnet. Die durch die Peilungen erhaltenen Dreiecke dürften im mathematischen Sinne der Wirklichkeit ähnlich, mit Bezug auf Winkel und Richtung also genau sein. Im übrigen macht die Skizze auf Genauigkeit keinen Anspruch. Es sei hier noch bemerkt, dass die auf S. 19 erwähnte Expedition des Herrn Fitzgerald durch das Horconesthal ging, der Geologe derselben, Herr Vines, den Aconcagua ebenfalls erstieg und berichtet, dass der Gipfel aus einer ca. 60 qm grossen Fläche und porphyrischem Gestein bestände. Herr Stuart Vines und der Führer Zurbriggen erstiegen auch den Tupungato, dessen Höhe mit 6400 m angegeben wird und von dem gegen Westen, 32 km entfernt, ein thätiger Vulkan sichtbar war.

Tafeln.

ATLANTISCHER OCEAN.

Funchal auf Madeira.

Küste bei Mar del Plata.

Tafel I.

LA PLATA UND PARAGUAY.

3. Ombu (Phytolacca dioeca).

4. Land und Leute am Ufer des Paraguay.

Tafel II.

PARANÁ UND PARAGUAY.

5. Paraná.

6. Apfelsinen ladender Dampfer am Paraguay.

PARAGUAY.

Asuncion gegen Norden.

8. Asuncion gegen den Rio Paraguay und Gran Chaco.

Tafel IV.

MENDOZA.

9. Blick vom Platz del Matadero gegen Westen.

Ruinen des Erdbebens vom 20. März 1861.

Tafel V.

MENDOZA.

Westseite der Plaza de Cobos.

Nordwestseite der Plaza de Cobos.

Tafel VI.

MENDOZA.

13. Pampas westlich von Mendoza.

14. Weingarten bei Mendoza.

Tafel VII.

MENDOZA.

15. 16. Vegetation am Rio Zanjon.

MENDOZA.

17. Eingeborene am Rio Zanjon.

18. Hütte aus Adobes am Rio Zanjon.

MENDOZA.

19. Strasse in der westlichen Vorstadt.

Heimkehrende Schnitter.

Tafel X.

MENDOZA.

Badezelle in Borbollon.

Gasthaus im Badeort Borbollon.

MENDOZA.

23. Estancia San Pedro bei Mendoza.

24. Abfahrt von der Estancia San Pedro.

Tafel XII.

MENDOZA.

25. 26. Eingeborene auf der Estancia San Pedro bei Mendoza.

Tafel XIII.

MENDOZA.

27. Pampas südwestlich von Mendoza.

28. Hügelvegetation der Pampas südwestlich von Mendoza.

Tafel XIV.

LAS CUEVAS.

29. Die Uspallatapässe.

30. Las Cuevas mit dem Eingang zum projektierten Eisenbahntunnel.

31. 32. 33. Aussicht vom westlichen Us

187 3/4°   160°

34. Aussicht vom Paso de la Iglesia (3810 m) gegen Chile.

de la Iglesia 3810 m) gegen Argentinien.

35. Photographischer Standpunkt 4125 m (Bodegasquellen).

LAS CUEVAS.

36. El Cajon de la Tolorsa mit dem Bergsturz.

37. El Cajon de la Tolorsa von der Casucha bei Las Cuevas.

Tafel XVII.

VALLE DE LAS CUEVAS.

38. Gipfel und Gletscher des Cerro de la Tolorsa.

39. El Cerro de la Tolorsa vom Eingang in das Cuevasthal.

Tafel XVIII.

LAS CUEVAS.

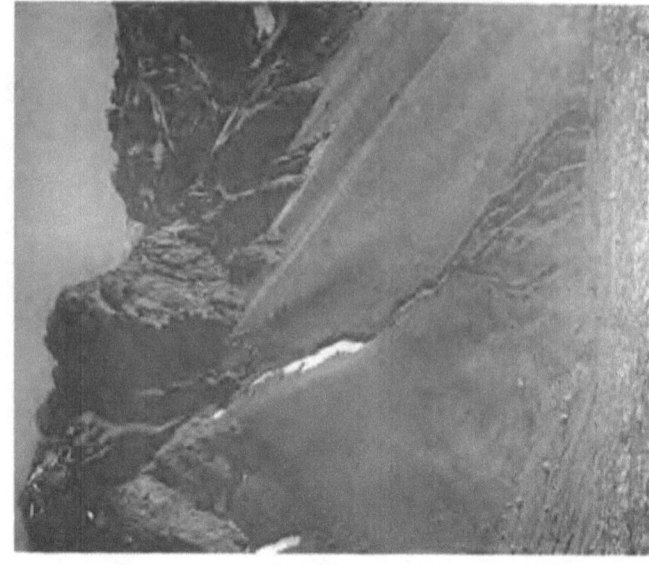

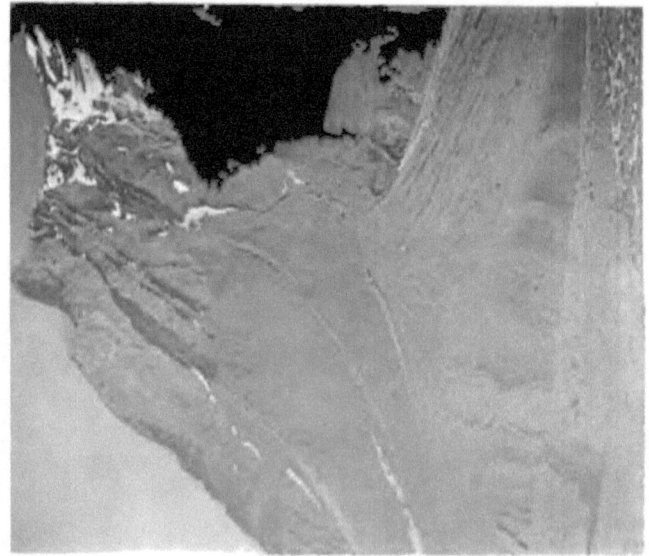

40. 41. Linke Thalseite bei Las Cuevas.

Tafel XIX.

LAS CUEVAS.

42. 43. Der Eingang in das Valle de las Bodegas.

VALLE DE LAS BODEGAS.

44. Blick von der Plattform (4160 m) gegen die Uspallatapässe.

45. Die linke, östliche Fortsetzung des obigen Bildes.

Tafel XXI.

VALLE DE LAS BODEGAS.

46. Blick von der Plattform (4160 m) gegen Westen.

47. Blick von der Plattform gegen Osten.

BAÑOS DEL INCA.

48. 49. El Puente del Inca vom linken Flussufer gesehen.

Tafel XXIII.

BAÑOS DEL INCA.

50. 51. El Puente del Inca vom rechten Flussufer gesehen.

Tafel XXIV.

BAÑOS DEL INCA.

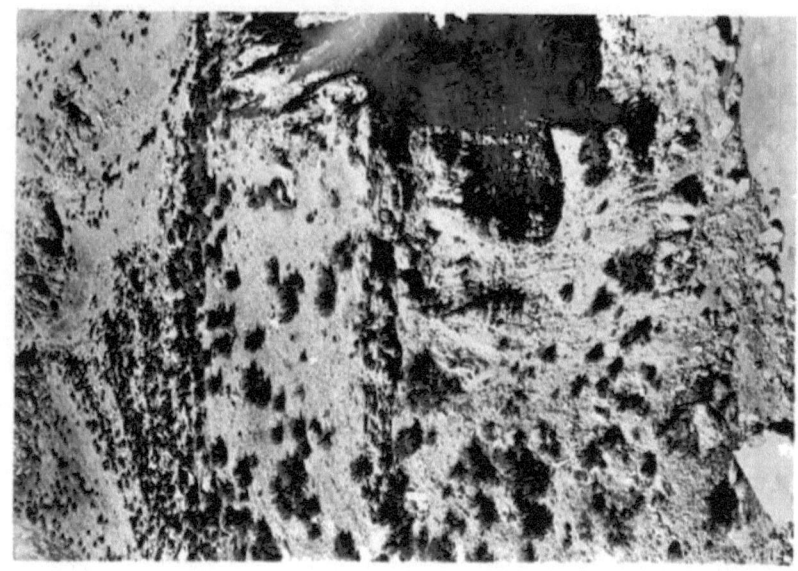

53. Rechtsseitiges Steilufer bei der Incabrücke.

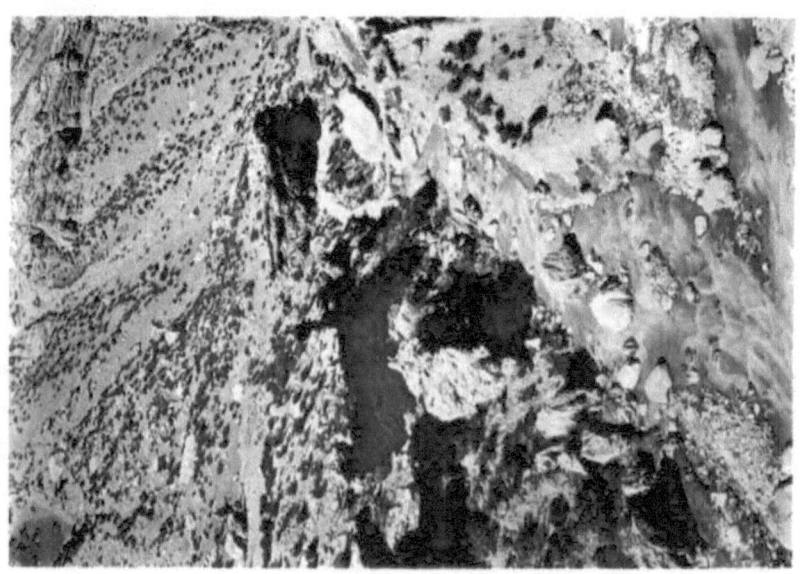

Zusammenfluss des Cuevas und Horcones.

Tafel XXV

BAÑOS DEL INCA.
371 1/2 °

54. Blick von den Incabädern gegen Westen.

55. Der Eingang in das Valle de los Horcones.

Tafel XXVI.

BAÑOS DEL INCA.

56. Rechte Thalseite von den Incabädern gegen Osten.

57. Linke Thalseite von den Incabädern gegen Osten.

Tafel XXVII.

BAÑOS DEL INCA.

58. Linke Thalseite von den Incabädern gegen Norden.

59. Linke Thalseite von den Incabädern gegen das Horconesthal.

Tafel XXVIII.

60. Once Febrero (3870 m).

61. Rechte Thalseite unterhalb der Incabrücke.

Tafel XXIX.

VALLE DE LOS HORCONES. VALLE DE LAS CUEVAS.

62. Blick aus dem Valle de los Horcones gegen Süden.

63. El Cerro de los Penitentes.

Tafel XXX.

VALLE DEL TUPUNGATO.

64. Vereinigung des Valle del Tupungato und Valle de las Cuevas.

65. Polizeigebäude bei Punta de las Vacas.

VALLE DE LAS BODEGAS.

68. Aussicht vom Lager (3500 m) gegen Norden.

69. Aussicht vom Lager (3500 m) gegen Süden.

Tafel XXXIII.

VALLE DE LAS BODEGAS.

70. Aussicht vom Lager (3500 m) gegen Osten.

71. Aussicht vom Lager (3500 m) gegen Westen.

Tafel XXXIV.

VALLE DE LAS BODEGAS.

72. Lager 3500 m.

Elias Renora.   Juan Vergara.   Domingo Oro.   Juan Oro.

73. Arrieros und Peone.

_AS BODEGAS.

3odegas, vom linken Ufer des
tandpunkt 4125 Meter.

XXXVI.

VALLE DE LAS BODEGAS.

83. Die Thürme des Cerro de las Bodegas vom Paso del Desengaño.

84. Das Hochthal des Cerro de las Bodegas.

VALLE DE LAS BODEGAS.

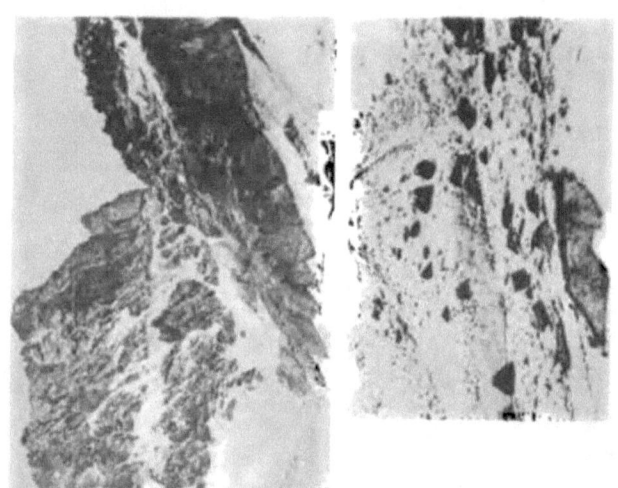

85. 86. Der Fuss des Cerro de las Bodegas im Graupelwetter.

Tafel **XXXVIII**.

VALLE DE LAS BODEGAS.

87. Paso del Desengaño (4765 m) östliche Aussicht.

88. Paso del Desengaño (4765 m) westliche Aussicht.

Tafel XXXIX.

VALLE DE LOS HORCONES.
151 3/4°   134 1/2°

89. Blick vom linken Steilufer gegen Süden.

90. Linkes Steilufer vom Gletscherthor gesehen.

Tafel XL.

VALLE DE LOS HORCONES.

91. Blick vom linken Steilufer (3485 m) gegen den Cerro de los Dedos.

92. Blick vom Fuss (3800 m) des Cerro de los Dedos thalauswärts.

VALLE DE LOS HORCONES.

93. Blick vom linken Steilufer (3485 m) gegen das Gletscherthor (3510 m).

94. Das Seitenthal des vorderen Horconesgletschers.

Tafel XLII.

VALLE DE LOS HORCONES.

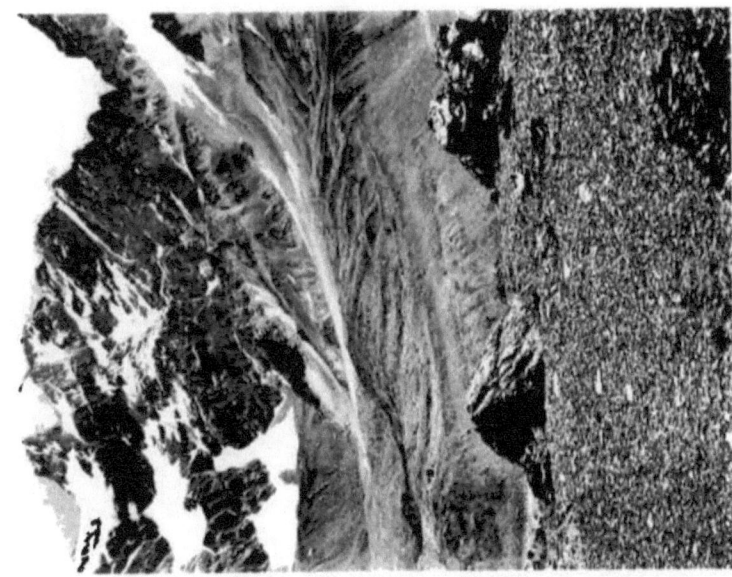

96. El Cerro de la Tolorsa.

95. Vorderes Lager (3360 m).

Tafel XLIII.

VALLE DE LOS HORCONES.
285 1/4°

97. El Cerro de la Tolorsa vom linken Steilufer.

217 3/4°   235 1/4° — 241 3/4°

98. El Cerro de la Tolorsa vom Fuss der Perecala.

Tafel XLIV

VALLE DE LOS HORCONES.

99. 100. Linkes Steilufer beim vorderen Lager.

Tafel XLV.

VALLE DE LOS HORCONES.

Hinteres Lager (3810 m).

102. Vorderes Lager gegen das Seitenthal des vorderen Gletschers.

Tafel XLVI.

VALLE DE LOS HORCONES.

104. La Perecala.

103. Am Fuss der Perecala.

Tafel XLVII.

VALLE DE LOS HORCONES.
218°

105. 106. Die rechte Thalseite beim vorderen Lager (3360 m).

Tafel XLVIII.

VALLE DE LOS HORCONES.

109, 110. Ende des vorderen Horconesgletschers.

Tafel L.

101. Hinteres Lager (3810 m).

102. Vorderes Lager gegen das Seitenthal des vorderen Gletschers.

Tafel XLVI.

VALLE DE LOS HORCONES.

113. 114. Gletscherbrüche im vorderen Horconesgletscher.

VALLE DE LOS HORCONES.

115. El Cerro de los Dedos.

116. El Cerro Moreno.

VALLE DE LOS HORCONES.

107. 108. Ursprung und Ende des vorderen Horconesgletschers.

Tafel XLIX.

VALLE DE LOS HORCONES.

109. 110. Ende des vorderen Horconesgletschers.

Tafel L.

VALLE DE LOS HORCONES.

Der vordere Horconesgletscher gegen Süden.

Tafel LI.

VALLE DE LOS HORCONES.

113. 114. Gletscherbrüche im vorderen Horconesgletscher.

Tafel LII.

VALLE DE LOS HORCONES.

115. El Cerro de los Dedos.

116. El Cerro Moreno.

VALLE DE LOS HORCONES.

117. 118. Der Hintergrund des Valle de los Horcones.

Tafel LIV.

VALLE DE LOS HORCONES.
110ª

119. El Cerro de los Almacenes, Standpunkt 4625 m.

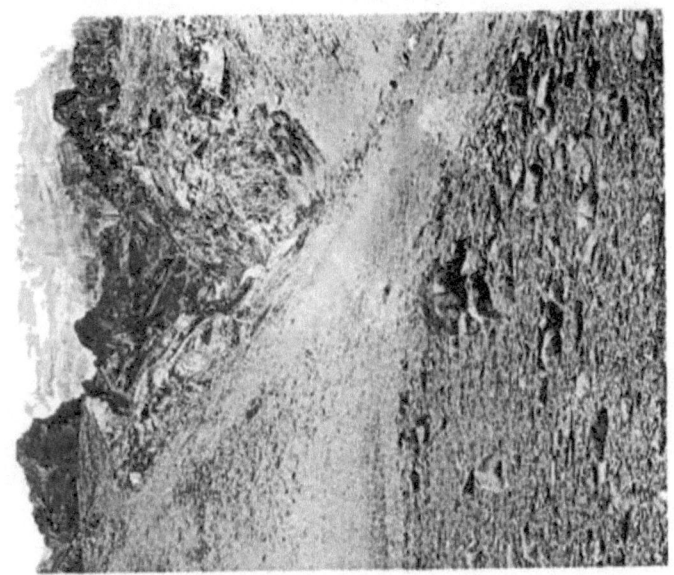

El Cerro de los Almacenes, Standpunkt 4320 m.

VALLE DE

128—130. Der Hintergrund des

HORCONES.

los Horcones. Standpunkt 4625 m.

VALLE DE LOS HORCONES.

131. Blick vom Fuss des Cuerno de los Horcones thalauswärts.

132. Blick vom Fuss des Cuerno de los Horcones gegen La Catedral.

CHILE.

133. La Laguna del Inca.

134. El Portillo (2780 m).

Tafel LIX.

SÜD·CHILE.

135. Tome.

136. Talcahuano.

137. Coronel.

Tafel LX.

SÜD-CHILE.

138. Ancud.

139. Die Bucht von Corral.

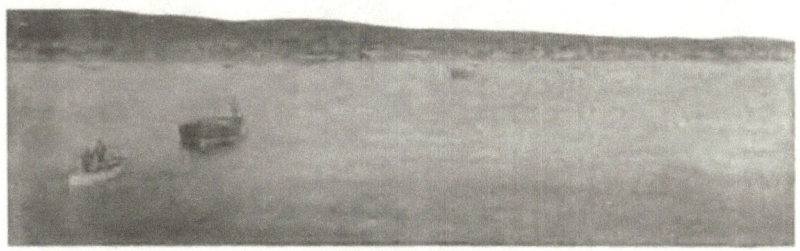

140. Punta Arenas.

Tafel LXI.

Osorno.

SÜD-CHILE.

146. El Rio Pescado.

147. Puerto Montt.

Tafel LXIII.

SÜD-CHILE.

148. El Rio Calle-Calle.

149. El Rio Futa.

NORD-CHILE.

156. Höhen hinter Iquique mit der Salpeterbahn.

157. Pelikane am stillen Ocean bei Antofagasta.

NORD-CHILE

158. Pferdebahnstation südlich von Iquique.

159. Weibliche und männliche Pferdebahnschaffner.

160. Caleta.

161. Steilküste bei Caleta.

Tafel LXVIII.

NORD-CHILE. PERU.

162. Arica.

163. Einschiffung lebenden Viehs bei Chala.

PERU.

164. 165. Mollendo.

Tafel LXX.

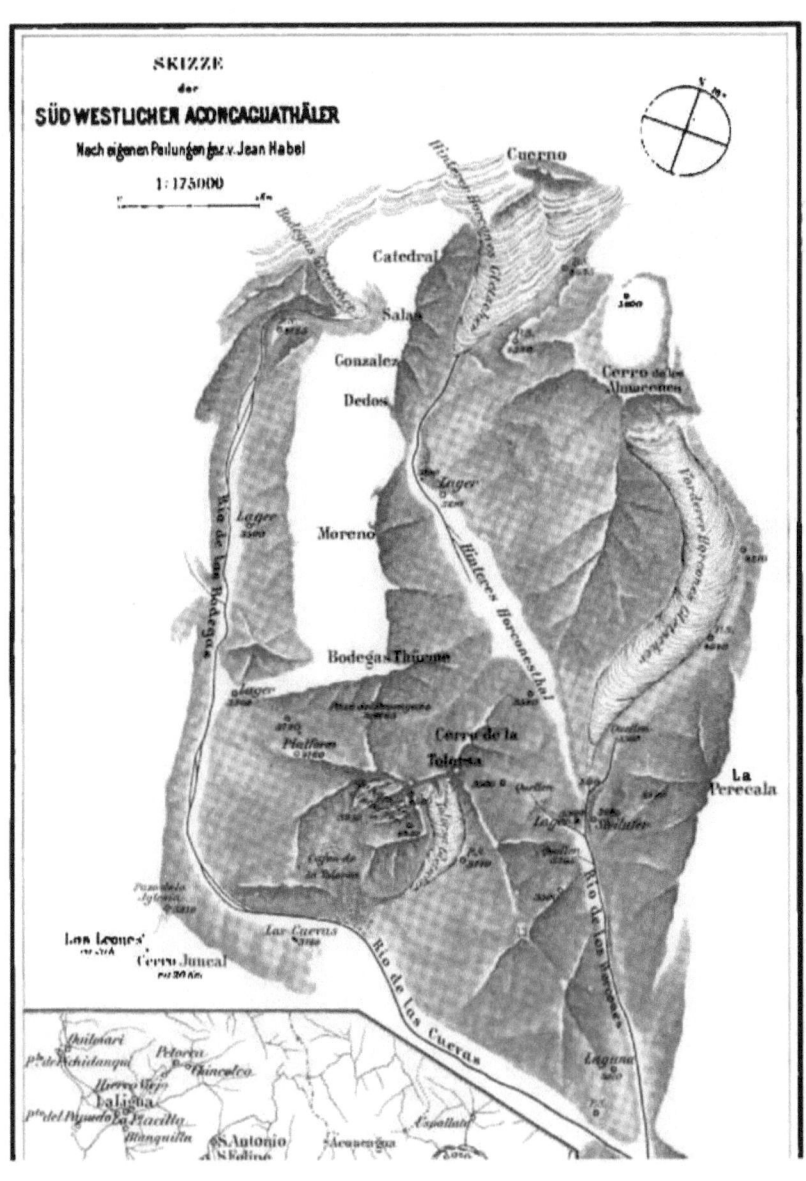

www.ingramcontent.com/pod-product-compliance
Lightning Source LLC
Chambersburg PA
CBHW032215230426
43672CB00011B/2567